한 권으로 끝내는
메타버스 맵 제작서

한 권으로 끝내는
메타버스 맵
제작서

김민경, 김현정, 김진랑, 민진홍 공저

매일경제신문사

페이스북의 메타버스 사업은 실현될까

10월 말에 페이스북이 '메타'라는 회사명을 발표했습니다. 그래서 페이스북이 운영하는 앱을 열면 'from meta'라고 표시됩니다. 페이스북에 대한 인상이 안 좋아져서 사용자가 줄어들고 젊은이들이 사용하지 않게 되는 등 부정적인 상황 때문에 이름을 바꿈으로써 다음의 새로운 사업을 선전하려는 의미도 포함된 것 같습니다.

해외 언론에서는 메타버스가 유행하지 않을 것이라고 하고 페이스북도 끝났다고 말하는 사람이 있는데, 안경을 끼고 VR 공간에 들어가 가상공간에서 일하거나 강연회에 참여하거나 게임을 하거나 하는 메타버스 공간이 앞으로 얼마나 성장, 또는 보급될 것인지 저의 의견을 말씀드리겠습니다.

페이스북에서 VR 고글을 만드는 회사를 몇 년 전에 매수했습니다. 현재 발표한 메타버스가 실현되려면 그러한 고글도 출시해서 보급해야 하기 때문입니다. 그것이 언제쯤 실현될지 어느 유튜버가 마크 저커버그(Mark Zuckerberg)에게 묻자 늦어도 5년 후쯤에는 일반인들에게 보급하고 싶다고 합니다. 그리고 2020년대가 끝날 때쯤 보편화되면 좋겠다고 했습니다. 그러므로 최근 1~2년 사이에 바로 어떻게 된다거나 내년이면 모두가 메타버스를 사용하게 되는 것은 아니라고 합니다.

메타버스는 한두 해 사이에 변화가 바로 보이는 것은 아니며, 마크 저커버그가 말한 것처럼 10년을 내다보는 이야기입니다. 물론 세상의 상황은 계속 변화합니다. 어떤 것이 곧바로 성공을 거둔다거나 발매하자마자 모두가 따르는 것은 아닙니다. 시장 상황을 보면서 상품을 출시해야 하기 때문에 5년 후에 제대로 시작하고, 시작한다고 하더라도 모두가 그것을 사용할지 어떨지는 모르는 것입니다. 그러므로 10년 후를 내다보는 것이 좋습니다. 10년 후면 2032년입니다. 앞으로 10년이 지나면 많은 것이 바뀔 것이라 생각합니다.

대부분의 사람들이 메타버스나 VR은 게이머들만 관심 있다고 말하고, 눈이 나빠질 뿐이라고 생각합니다. 일부 마니아들만 하는 것이라는 이미지입니다. 그런데 이것은 인터넷의 초기 상태와 비슷하다고 할 수 있습니다. 처음에는 일부 사람들만 컴퓨터를 가지고 있으면서 온라인 상에 사이트나 홈페이지를 만들기 시작했는데, 그처럼 새로운 기술이 생겨났을 때는 극히 일부의 사람들만 시작할 수 있습니다. 그 후로 인터넷이 크게 보급된 것은 스마트폰이 등장했을 때부터라고 생각합니다.

10여 년 전, 2000년대에도 휴대전화는 있었고 휴대전화를 통해 할 수 있는 일이 많아질 거라고 예상은 했었지만, 2020년에 모두가 스마트폰을 갖고 다니면서 동영상을 쉽게 시청할 수 있게 되리라고는 상상도 할 수 없었을 것입니다.

유튜브에 동영상을 업로드하고, 그것을 통해 고객을 모집하거나 라이브 방송을 하고, 온라인상에서 정보를 받아들이는 것뿐만 아니라 내가 직접 정보를 제공하고, 상품을 팔며 장사를 하거나 동영상을 통해 온라인 강좌를 하고 zoom을 통해 웹 세미나를 개최해 고객에게 가치 있는 정보를 전달하는 일을 할 수 있으리라고는 상상하지 못했습니다.

2000년대 초에는 미래를 전혀 예측할 수 없었지만 과거를 돌아봤을 때, 10여 년 만에 이처럼 발전할지 상상이나 할 수 있었나요? 그렇다면 기술이 많이 발전해서 사진, 동영상 촬영 기능도 매우 좋고 기술이 많이 발전했음을 느끼고 있는 지금, 앞으로의 10년을 상상해본다면 어떤 모습일 것 같나요?

애플도 AR 안경을 개발하고 있다는 소문이 들립니다. 그런 대기업들은 다음 세대를 대비해서, 기술의 큰 발전에 대비해서, 새로운 상품이나 시스템 툴 같은 것을 준비하고 있을 것입니다. 페이스북의 메타버스가 잘될지, 어떨지는 모릅니다. 하지만 규모가 굉장히 크고, 사용자 수도 전 세계에 20억 명 이상을 거느리고 있으니 실패할 것이라는 생각이 들지는 않습니다.

그리고 페이스북의 메타버스가 잘되지 않아도 다른 회사가 그러한 플랫폼을 만들 수 있을 것입니다. 스마트폰의 화면이나 스피커를 통해 콘텐츠가 3D 홀로그램으로 표시되거나 〈스타워즈〉 같은 SF 영화처럼 홀로그램으로 화면이 뜨거나 VR이나 AR 안경을 쓰면 그 안에서 3D 영상이 표시되어 그곳에 없는 사람과 마치 그곳에 있는 것처럼 대화하거나, VR 고글을 쓰고 가상공간에 가서 스포츠나 게임을 하거나, 세미나를 수강하거나, 이벤트에 참가하거나 하는 일이 앞으로 10년쯤 지나면 불가능한 일은 아닐 것이라 생각합니다.

　장기적인 관점에서 인터넷의 다음 진화 단계는 그렇게 될 수 있을 것이며, 기술적으로도 가능한 일이라 생각합니다. 예전에 '세컨드 라이프'라는 게 있었는데 그때는 SNS도 크게 보급되지 않았고, 스마트폰도 보급되지 않았기에 너무 시대를 앞서나갔다는 평가를 받고 있습니다. 하지만 지금은 인터넷상에 정보를 올리거나 자신의 SNS 계정을 가지고 동영상을 올리거나 라이브 방송을 하거나 하는 일을 특수한 몇몇 사람이 하는 것이 아니라 일반적인 모두 사람들이 하는 세상으로 변화했습니다.

　앞으로의 10년 후를 생각하며, 지금 우리는 무엇을 할 수 있을까요? 물론 3D, 가상공간이 당연해질 때가 와도 인간의 심리, 성질, 본질은 달라지지 않습니다. 음성이나 동영상, 텍스트로 제공되던 것들이 앞으로는 VR 공간에서 제공하는 방식으로 세상의 기술이 바뀌는 것뿐, 어떻게 하면 사람을 기쁘게 하는지, 어떻게 하면 상품을 판매할 수 있는지, 그 본질은 바뀌지 않습니다. 동영상으로 제공하던 것이 형태만 바뀌어 VR 공간으로 옮겨지는 것입니다.

앞으로도 인터넷은 새로운 형태로 계속 발달해나갈 것입니다. 하지만 표면적인 것은 시대에 맞춰 바꾸어나가더라도 글이든, 음성이든, 동영상이든 자신이 길러온 영향력, 지명도를 높이는 콘텐츠 제작과 대화하는 능력은 사라지지 않는 스킬이므로 이러한 본질적인 스킬을 계속해서 연마하도록 합시다.

민진홍

목차

들어가기 페이스북의 메타버스 사업은 실현될까   6

CHAPTER 01 제페토(ZEPETO)

01 제페토란 무엇인가?   18
02 제페토 시작하기   19
03 제페토 스튜디오   24
   1 PC 버전으로 아이템 디자인하기   25
   2 모바일 버전으로 아이템 디자인하기   33
04 카메라의 기능 알기   40

CHAPTER 02 제페토 빌드잇(ZEPETO BUILD IT)

01 제페토 빌드잇 설치하기   47
02 제페토 빌드잇 로그인하기   51
03 제페토 빌드잇 시작하기   53
04 빌드잇 편집 화면 이해하기   54
05 빌드잇 편집 메뉴 이해하기   57
06 익스플로러 메뉴 이해하기   63
07 오브젝트 편집하기와 편집 화면 보기   68
08 오브젝트 종류 확인하기   72
09 맵 공개하기   94

CHAPTER 03 게더타운(Gather.town)

01	게더타운이란 무엇인가?	105
02	기존 화상 시스템과 다른 게더타운만의 특징	106
03	게더타운 회원 가입 방법	108
1	구글계정으로 가입하기	108
2	타 메일계정으로 가입하기	109
04	개성 있는 캐릭터 설정하기	111
05	게더타운 방(Space) 만들기	115
06	게더타운 주요 기능 알아보기	122
1	이동하기	122
2	상호작용하기	124
3	화면 공유하기	124
4	이모티콘 활용하기	125
5	상대방 찾는 방법	126
6	대화하는 방법	128
7	메시지 보내는 방법	130
8	상대방 초대하는 방법	133
9	초대받은 게더타운 공간에 입장하기	133
10	캐릭터 변경하기	135
11	상태 메시지 입력하기	135
12	이름 바꾸기	136

07 게더타운 방 꾸미기   137

    1 오브젝트 설치   137

    2 오브젝트 삭제   141

    3 텍스트(글자) 추가하기   141

    4 이미지 업로드하기   143

08 맵 메이커 활용하기   145

    1 맵 메이커 공간 소개   146

    2 맵 메이커 기능(Objects)   147

    3 타일 효과(Tile Effects)   151

    4 벽과 바닥 설치하기   157

09 게더타운 100배 활용하기   160

CHAPTER 04 아이코그램스(icograms)

01 아이코그램스 실행   169

02 아이코그램스 메뉴 이해하기   176

    1 템플릿 검색하기   176

    2 상단 메뉴 이해하기   178

    3 오브젝트 편집 메뉴 이해하기   181

    4 텍스트 메뉴 이해하기   197

CHAPTER 05 젭(zep)

01 젭 이용 가이드   202

02 계정 만들기   203

03 스페이스 만들기   204

   1 스페이스 선택하기   204

   2 스페이스 입장 전 설정하기   205

   3 스페이스 탐험하기   207

   4 맵 에디터(맵 커스터마이징)   215

04 젭 이벤트 활용하는 방법   233

   1 OX 퀴즈 하기   235

   2 페인트맨   240

   3 초성 게임   241

   4 좀비 게임   241

   5 똥 떨어지기 게임   242

05 젭 업그레이드 버전   243

   1 설정 편   243

   2 맵 에디터 편   245

CHAPTER 01

제페토
(ZEPETO)

01 제페토란 무엇인가?
02 제페토 시작하기
03 제페토 스튜디오
04 카메라의 기능 알기

CREATOR

01 제페토란 무엇인가?

'내 아바타로 즐기는 또 다른 세상.' 2018년 8월에 출시된 제페토는 3D를 기반으로 누구나 가슴속에 꿈꾸어왔던 것들을 만들어낼 수 있는 가상세계 플랫폼이 되고자 하는 소셜네트워크 서비스다. 나만의 아바타로 새로운 세상을 경험할 수 있고, 수백만 가지 아이템으로 아바타를 꾸미거나 교실부터 테마파크까지 다양한 맵에서 전 세계 친구들을 만나서 놀 수 있다. 상상하는 것이 무엇이든, 제페토의 가상공간 안에서 만들어내고 세상의 모든 사람과 함께 즐길 수 있도록 모바일 앱과 크리에이터·빌더들의 플랫폼을 제공하고 있다.

[자료 1-1] 제페토의 다양한 캐릭터들(출처: 제페토)

모바일로 설치해서 이용하는 플랫폼이기 때문에 안드로이드폰은 8.0 이상, 아이폰은 11.0 이상의 사양이 되어야 설치가 가능하다.

[자료 1-2]처럼 구글 플레이스토어에서 제페토를 검색해서 설치한다. 설치가 완료되면 열기를 클릭한다.

[자료 1-2] 제페토 설치 및 완료 후 열기(출처: 구글 플레이스토어)

설치 완료 후, 열어서 다음의 [자료 1-3]과 같이 회원 가입을 해야 한다. 로그인을 클릭한 후, 동의하고 계속하기를 진행한다.

[자료 1-3] 로그인하고 동의하기(출처: 제페토)

[자료 1-4]에서 보는 것처럼 생년월일을 입력하고, 이용 약관을 동의한 뒤 제페토에서 활동할 아이디를 설정해야 한다.

[자료 1-4] 생년월일 입력 후 이용 약관 동의, 아이디 설정 확인(출처: 제페토)

제페토에서는 캐릭터로 활동해야 하기에 [자료 1-5]처럼 성별과 캐릭터를 선택하고 완료하면 된다.

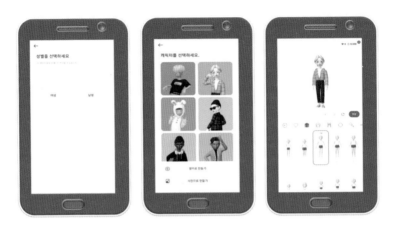

[자료 1-5] 성별 선택을 하고 캐릭터 만들기(출처: 제페토)

캐릭터 이름을 만들고 들어가기를 누르면, [자료 1-6]처럼 메인화면이 나타난다.

[자료 1-6] 캐릭터 이름 선정 후 제페토 입장(출처: 제페토)

제페토에 들어갔으면 월드에 방문해야 하는데, [자료 1-7]에서 볼 수 있듯이 만들어진 월드는 들어가서 구경할 수가 있다. '한강공원'을 선택하고 들어가보기로 하자.

[자료 1-7] 제페토 월드 입장해보기(출처: 제페토)

[자료 1-8]처럼 한강공원에 들어가 보면 잘 만들어진 월드를 만날 수 있다. 캐릭터 이동이나 방 공지 확인, 초대링크, 상점, 제스처, 카메라, 종료, 일반 셀카, 이름 표시 제거, 배경 표시 제거, 이미지나 영상 촬영 등의 기능이 나온다.

제페토도 이프랜드(ifland)처럼 월드 내에서 활동하는 사진을 찍을 수 있고 영상 촬영도 가능하다.

[자료 1-8] 한강공원에 입장(출처: 제페토)

비밀 방도 만들 수 있는데, [자료 1-9]처럼 위쪽의 '+ 방 만들기'를 누르고 비공개로 들어가면 만들어진다.

[자료 1-9] 비밀 방 만들어서 입장하기(출처: 제페토)

세계 2억 5,000만 명이 이용하는 메타버스 플랫폼인 '제페토'에서는 각자의 개성에 따라 소품은 물론, 옷차림도 멋지게 꾸며진 아바타들을 볼 수 있는데, 현실세계 못지않게 가상세계에서도 아바타들의 꾸미기에 모든 것을 투자할 정도로 MZ 세대의 열기가 뜨겁다.

셔츠, 원피스, 맨투맨, 바지, 신발 등의 기본 아이템뿐만 아니라 패션 소품인 모자와 선글라스, 네일아트까지도 직접 디자인해서 제작한 후, 판매할 수 있다. 1세대 제페토의 크리에이터로 렌지(Lenge)가 유명한데, 그는 한 달에 1,500만 원의 수익을 벌고 있는 10대들의 우상이다.

[자료 1-10]에서 렌지가 직접 디자인하고 판매하는 상품들을 확인할 수 있다.

Lenge
@lenge

[자료 1-10] 렌지가 직접 디자인한 작품(출처: 제페토 스튜디오)

제페토 스튜디오에서는 현재 150만 명의 크리에이터들이 활발한 활동을 하고 있다.

1 PC 버전으로 아이템 디자인하기

제페토 스튜디오 홈페이지(https://studio.zepeto.me/kr)로 들어가기 위해서는 [자료 1-11]처럼 구글 창에 제페토 스튜디오라고 검색하면 된다.

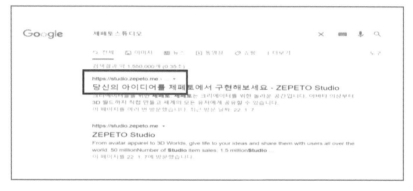

[자료 1-11] 제페토 스튜디오를 입력한 후, 검색하기(출처: 구글)

[자료 1-12] 홈 화면에 들어가면 콘텐츠를 클릭한 후, 아이템을 클릭해서 들어가면 된다.

[자료 1-12] 홈 화면 입장 후 콘텐츠 클릭, 아래에 나오는 아이템 클릭(출처: 제페토)

화면에 [자료 1-13]과 같이 아이템 만들기가 나타나면, 클릭하고 들어간다.

[자료 1-13] 아이템 만들기 시작하기(출처: 제페토)

계정을 입력하라는 멘트가 나오는데, QR코드를 스캔하기 위해서는 [자료 1-14]처럼 스마트폰의 제페토 화면에서 QR코드를 누르고, '스캔하기' 화면에 보이는 QR코드를 스캔한 후, 이름과 국가를 입력한다. 화면대로 따라서 한 후, 휴대폰으로 인증을 받으면 종료된다.

다음에 입장할 때는 인증 절차 없이 스마트폰으로 QR코드만 스캔하면 자동 로그인이 되는 것으로 바뀐다.

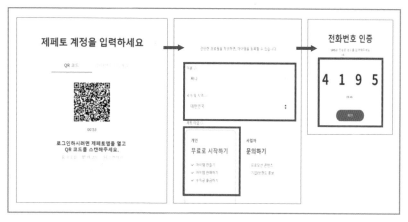

[자료 1-14] 계정 입력 인증받기(출처: 제페토)

[자료 1-15]처럼 제페토 홈 화면에서 QR코드 모양을 클릭하고 스캔하기를 누른 후, PC에 나타나는 QR코드를 스캔하면, 바로 연동해서 인식이 된다.

[자료 1-15] 제페토 스튜디오 QR코드 스캔하기(출처: 제페토)

그 후, [자료 1-16]처럼 '아이템 만들기'를 클릭 후, 만들고 싶은 아이템을 선택한다.

[자료 1-16] 만들고 싶은 아이템 선택하기(출처: 제페토)

[자료 1-17]처럼 미리 보이는 아바타를 보면서 어떤 옷인지 생각하고 '템플릿 다운로드'를 클릭한다. PC 버전은 압축 파일로 저장이 되기 때문에 압축 해제는 필수다.

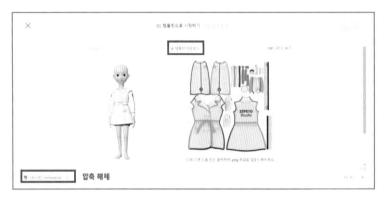

[자료 1-17] 템플릿 다운로드(출처: 제페토)

'미리캔버스'라는 프로그램을 활용해서 다음의 [자료 1-18]처럼 디자인할 수 있는데, 다운로드받아서 압축 해제한 파일을 미리캔버스에 가입하고, 업로드를 클릭해서 내 파일 업로드에 다운받은 파일을 업로드한다. 그리고 템플릿 사이즈에 맞게 '512×512 사이즈'로 디자인하고, 색상이나 도형, 이미지 등을 바꿔서 저장 후 다운로드하면 된다.

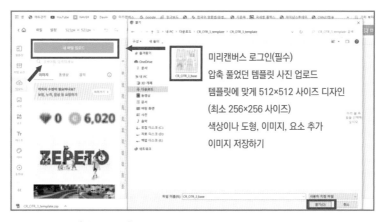

[자료 1-18] 미리캔버스로 디자인하기(출처: 미리캔버스)

미리캔버스에서 디자인 후 다운로드받은 파일은 PNG파일로 [자료 1-19]처럼 제페토 스튜디오에 업로드한다. 디자인이 맞지 않거나 수정이 필요할 때는 다시 미리캔버스에서 수정하고 재업로드를 진행하면 된다.

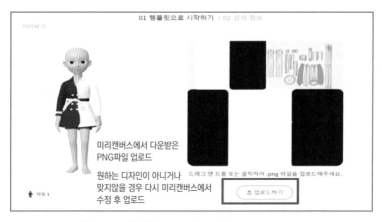

[자료 1-19] 제페토 스튜디오에 업로드(출처: 제페토)

업로드했다면, [자료 1-20]처럼 아이템의 상세 정보를 입력하고 저장 후 심사 제출을 한다. 내 캐릭터가 입은 모습은 휴대폰에서 미리보기 이미지로 확인할 수 있다.

[자료 1-20] 상세 정보 입력 후 제출(출처: 제페토)

다음의 [자료 1-21]을 보면 만들어진 아이템이 제출된 것을 볼 수 있다. 심사는 주말이나 휴일을 제외하고 2주 정도의 시간이 소요된다. 심사 제출 후에는 수정이 불가하다. 또한, 아이템 등록은 세 개까지 가능하다는 것을 알아두자.

심사 기간이 지나면 '제출됨'이 '승인됨'으로 바뀌고, 상품 판매도 동시에 이루어진다.

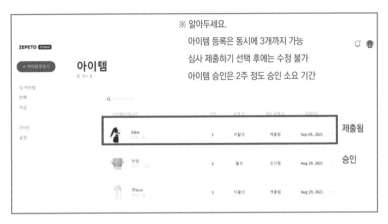

[자료 1-21] 검토 상태 – 제출됨, 승인됨 확인(출처: 제페토)

승인되었다면 [자료 1-22]처럼 '판매'를 클릭하면 어느 정도 판매가 이루어졌는지 확인할 수 있다.

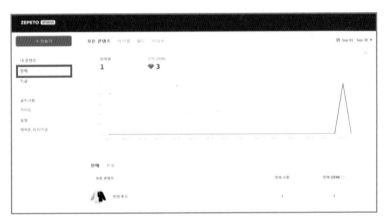

[자료 1-22] 판매 내역 확인(출처: 제페토)

[자료 1-23] 판매 화폐는 '젬'으로 사용하는데, 지급을 누르면 알 수 있다. 수익화는 어떻게 되는지 궁금할 것이다. 최소 지급 요청금액은

5,000젬이 되어야 현금화가 가능하고, 지급 요청 기간은 매월 25~30일 사이다.

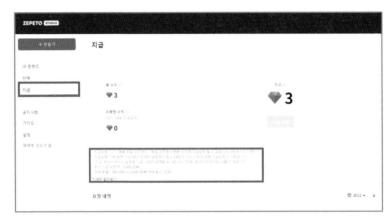

[자료 1-23] **지급 지준**(출처: 제페토)

2 모바일 버전으로 아이템 디자인하기

　모바일 버전으로도 크리에이터 기능을 활용해서 아이템을 만들수 있다. 다음의 [자료 1-24]처럼 홈 화면에서 오른쪽 메뉴 하단의 사람 모양을 클릭한 후, 오른쪽 상단에 있는 설정을 누르면 가운데 그림처럼 설정화면으로 들어가게 된다. 거기에서 '크리에이터 되기'를 클릭하면, 오른쪽 사진처럼 만들고 싶은 아이템이 나타나고, 하나를 선택한 후, '+ 만들기'를 누른다.

[자료 1-24] 설정에서 아이템 선택하기(출처: 제페토)

[자료 1-25] 왼쪽처럼 편집을 누르면 템플릿을 다운받을 수 있는데, 갤러리 제페토 카테고리에 저장된다.

[자료 1-25] 선택한 템플릿 다운로드하기(출처: 제페토)

아이템을 만들기 위해서는 앱을 하나 설치해야 한다. [자료 1-26]의 왼쪽처럼 플레이스토어에서 '이비스 페인트(ibis Paint)'를 설치하고 열기를 누른다. 그런 후 가운데 그림처럼 '오른쪽 모두 슬라이드 후' 완료를 누르면, 오른쪽과 같은 메인화면이 나오는데, 이때 나의 갤러리를 누르면 된다.

[자료 1-26] 이비스 페인트 설치 후 홈 입장(출처: 구글 플레이스토어, 이비스 페인트)

다음의 [자료 1-27] 왼쪽처럼 갤러리 하단의 '+'를 누르고, 가운데처럼 사이즈를 512×512(최소 사이즈 256×256)로 변경하고, '사진 가져오기'를 누르면 갤러리가 열린다. 저장되어 있는 사진 중 가져올 사진을 선택하면 된다.

[자료 1-27] 선택한 템플릿 다운로드하기(출처: 이비스 페인트X)

[자료 1-28]처럼 팝업 창이 뜨는데 엑세스는 하도록 '허용'을 클릭해 주고, 선드로잉 추출 기능 실행은 'OK'를 클릭하면 된다. 오른쪽처럼 이비스 페인트는 여러 종류의 템플릿을 기본적으로 제공하고 있기에 오른쪽 상단 아이콘을 클릭한 후, 내가 만들 패턴을 선택한다.

[자료 1-28] 엑세스 허용 후, 선드로잉 추출 OK, 선택 후 패턴 선택(출처: 이비스 페인트X)

[자료 1-29]처럼 패턴 선택을 했으면 왼쪽처럼 체크 확인 'V'을 누르고 PNG 파일로 저장한 후, 다시 제페토로 가서 업로드해야 한다.

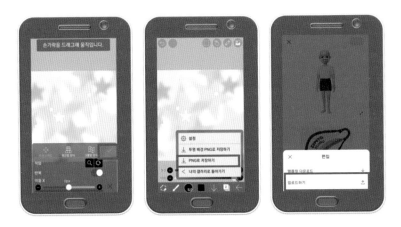

[자료 1-29] 패턴 다운로드 후 제페토에 업로드하기(출처: 이비스 페인트X)

다음의 [자료 1-30] 갤러리에 저장된 이미지를 선택하고 완료를 누르면, 왼쪽처럼 패턴이 나오고 마스크 쓴 모습을 볼 수 있는데, '편집'을 눌러 아이템 판매를 위한 내용을 입력해야 한다. 아래쪽의 고급 설정을 클릭 후, '승인되면 바로 배포'와 '모든 국가'에 체크해야 한다.

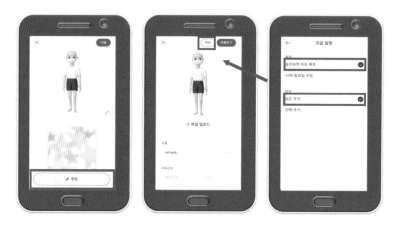

[자료 1-30] 판매 내용 입력하기(출처: 제페토)

입력이 완료되고 제출되었다면 [자료 1-31]처럼 하단의 내 아이템을 누르고 더 보기를 클릭하면, 휴대폰에서 내 캐릭터가 미리 입은 모습을 볼 수 있다. 미리보기를 클릭하면 홈 화면에 알림이 가는데, 클릭을 하고 알림을 누른다.

[자료 1-31] 선택한 템플릿 다운로드하기(출처: 제페토)

[자료 1-31]에서 알림을 클릭하면 [자료 1-32]처럼 내 캐릭터의 모습을 볼 수 있다.

[자료 1-32] 캐릭터가 아이템을 착용한 모습(출처: 제페토)

제페토 홈 화면에는 [자료 1-33]의 왼쪽 하단처럼 '+'를 누르면 가운데처럼 만들기가 나오고 위쪽에 카메라가 있는데, 그중 오른쪽에 보이는 기능이 액션 기능이다. 동영상 모드로 하면 내가 하는 소리를 따라하는 기능이 있다.

[자료 1-33] 카메라 기능 - 액션 기능(출처: 제페토)

[자료 1-34]에서 볼 수 있듯 룸 기능이 있는데, 홈 화면에 보이는 것과 같다. 룸에 보이는 공간을 마음대로 바꿀 수가 있고, 가운데 버튼을 누르면 사진과 영상 모두 촬영이 가능하다.

[자료 1-34] 카메라 기능 – 룸 기능(출처: 제페토)

또한, [자료 1-35]의 왼쪽처럼 AR 기능이 있다. 노트북 위에 내 캐릭터가 나타나는 것을 볼 수 있고, 손바닥을 대면 내 손 위에 올라오는 것처럼 보이기도 한다.

[자료 1-35] 카메라 기능 : AR, 일반, 액션-제스처(출처: 제페토)

가운데는 일반 기능으로 내 몸에서 얼굴만 캐릭터로 변한다. 이모지 (emoji, 그림문자)와 비슷한 기능이다.

오른쪽 그림의 액션 기능에서는 제스처가 있어서 움직임을 확인할 수 있다.

CHAPTER 02

제페토 빌드잇
(ZEPETO BUILD IT)

01 제페토 빌드잇 설치하기
02 제페토 빌드잇 로그인하기
03 제페토 빌드잇 시작하기
04 빌드잇 편집 화면 이해하기
05 빌드잇 편집 메뉴 이해하기
06 익스플로러 메뉴 이해하기
07 오브젝트 편집하기와 편집 화면 보기
08 오브젝트 종류 확인하기
09 맵 공개하기

CREATOR

'제페토 빌드잇(ZEPETO build it)'은 2019년 12월에 오픈한 제페토 내 월드 제작 샌드박스 서비스다. 다양한 블록과 테마 오브젝트(Object)를 무료로 제공하며, 이를 이용해서 제페토 유저들이 뛰어놀 수 있는 가상 세계를 제작할 수 있다. 제작한 크리에이터 맵은 제페토 월드에 공개할 수 있으며, 모바일로 자유롭게 플레이할 수 있다. (출처: 위키백과)

제페토 빌드잇은 코딩할 필요 없이 제페토 빌드잇 프로그램을 통해 간단하게 나만의 개성 있는 월드를 만들 수 있다.

[자료 2-1]처럼 구글에서 '제페토 빌드잇'을 검색한다. 첫 번째 나오는 '제페토 빌드잇 다운받기 - ZEPETO Studio'를 클릭한다.

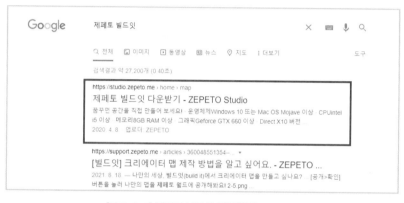

[자료 2-1] 제페토 빌드잇 검색하기(출처: 구글)

다음의 [자료 2-2]를 참고해서 제페토 스튜디오 사이트에서 내 PC 운영체제의 파일을 다운받는다. 윈도우 버전을 사용하면 windows를 클릭해서 다운받는다. 제페토 빌드잇 프로그램의 원활한 구동을 위해 권장 사양을 체크해야 한다. 운영체제 Windows 10 또는 Mac OS Mojave 이상, CPU intel i5 이상, 메모리 8GB RAM 이상, 그래픽 Geforce GTX 660 이상, DirectX 10 버전 이상, 해상도 1280×720 이상, 여유 공간 500MB 이상이어야 제페토 빌드잇을 적절하게 사용할 수 있다.

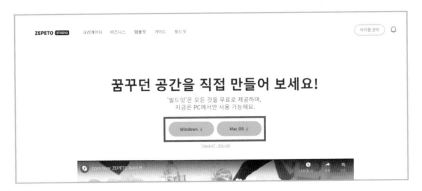

[자료 2-2] PC 사양에 맞는 프로그램 클릭하기(출처: 제페토 빌드잇)

[자료 2-3] 다운받은 프로그램을 열기(출처: 제페토 빌드잇)

[자료 2-4] 제페토 빌드잇 설치 프로그램에서 '다음' 클릭(출처: 제페토 빌드잇)

[자료 2-5] 설치 폴더 선택하기에서 '다음' 클릭(출처: 제페토 빌드잇)

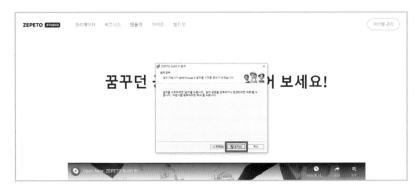

[자료 2-6] 제페토 빌드잇 설치 프로그램에서 '설치' 클릭(출처: 제페토 빌드잇)

[자료 2-7] 제페토 빌드잇 설치 마법사에서 '마침' 클릭(출처: 제페토 빌드잇)

제페토 빌드잇의 로그인 방법은 여러 가지다. 제페토 계정으로 로그인하는 방법과 QR 로그인하는 방법이 주로 쓰이지만, 그 밖에도 페이스북, 라인, 트위터, 카카오톡 계정으로도 로그인할 수 있다.

[자료 2-8] 제페토 빌드잇 계정 로그인 페이지(출처: 제페토 스튜디오)

계정에 로그인하기 위해서는 휴대폰 번호 또는 이메일 주소와 비밀번호가 필요하다. 비밀번호를 잊어버린 경우에는 QR 로그인이 더 편할 수 있다.

[자료 2-9] 제페토 빌드잇 QR코드 로그인 페이지(출처: 제페토 스튜디오)

QR코드로 로그인할 때는 모바일 제페토 앱을 실행한다. 그리고 내 프로필에서 '내 코드'를 선택하고 '스캔하기'를 클릭한 후, 컴퓨터 화면의 QR코드를 스캔한다.

화면의 '로그인' 버튼을 누르면 로그인이 완료된다.

[자료 2-10] 빌드잇 첫 화면(출처: 제페토 빌드잇)

[자료 2-10]은 나만의 월드를 제작할 수 있는 제페토 빌드잇을 시작할 수 있는 첫 화면이다. 빌드잇은 나만의 개성 넘치는 공간을 만들게 도와주는 프로그램으로, PC에서 사용할 수 있다. [자료 2-10]의 ①을 클릭하면 제페토 아이디랑 개인정보를 확인할 수 있다.

②의 '+ 새로 만들기'를 클릭하면 새롭게 월드를 만들 수 있다. 지구본을 클릭하면 내가 제작해서 저장한 월드를 확인할 수 있다. ③에서는 제페토 빌드잇 피드백과 가이드, 그리고 공지사항 등을 알 수 있다. ④는 제페토 빌드잇에서 제공해주는 기본 템플릿이다.

04 빌드잇 편집 화면 이해하기

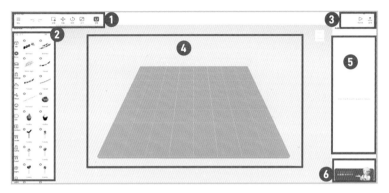

[자료 2-11] **빌드잇 편집 화면**(출처: 제페토 빌드잇)

[자료 2-11]은 [자료 2-10]의 2번 '+새로 만들기'를 클릭할 때 열리는 편집화면이다. ①은 빌드잇 편집 메뉴다. ②는 다양한 오브젝트와 익스플로러를 통해 월드의 지형과 객체들을 꾸밀 수 있다. ③은 디자인한 월드를 테스트 클릭하면 편집 중인 월드가 플레이되어 아바타가 경험할 수 있다. 테스트를 해보고 최종 마무리한 후, 공개를 클릭해서 심사 제출할 수 있다. ④는 빌드 공간이다. 여기에 지형을 변경하고 오브젝트들을 올려놓고 월드를 제작한다. ⑤는 오브젝트와 익스플로러 속성이다. ⑥은 빌드잇 도움말이다.

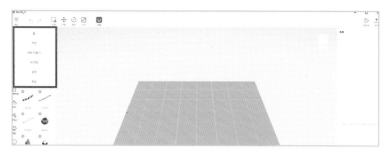

[자료 2-12] 메뉴(출처: 제페토 빌드잇)

[자료 2-12]처럼 메뉴를 클릭해서 홈과 저장을 누르면 내가 만든 월드를 저장하는 팝업이 뜬다.

제페토의 내 정보도 확인할 수 있다. 종료를 누르면 빌드잇에서 나가게 된다. 메뉴에서 설정을 확인할 수 있다.

[자료 2-13] 빌드잇 설정(출처: 제페토 빌드잇)

[자료 2-13]의 설정에서 사용하는 언어를 선택할 수 있는데, 일본어, 영어, 중국어, 한국어로 설정할 수 있다. 오브젝트를 편집할 때 효과음

의 활성, 비활성도 설정할 수 있다. 오브젝트들이 제대로 놓였는지 확인하기 위해 소리를 활성화하고 편집한다. 빌드잇 디자인 단축키들을 설정에서 확인할 수 있다.

빌드잇 디자인 단축키

- 카메라 이동 : W, A, S, D
- 카메라 수직 이동 : Q, E

- 선택 : 1
- 이동 : 2
- 회전 : 3

- 크기 : 4
- 고정 : 5
- 정렬 : 6

- 되돌리기 : Ctrl +Z
- 다시 하기 : Ctrl +Y

- 저장 : Ctrl +s
- 오브젝트 묶기 : Ctrl + g

- 오브젝트 묶기 풀기 : Ctrl +U
- 테스트 : Ctrl +P

- 복사 : Ctrl +V,
- 복제 : Ctrl +d
- 오브젝트 탭 선택 : Ctrl +1

- 익스플로러 탭 선택 : Ctrl +2
- 탭 일괄 펼치기/ 닫기 : Tab
- 이름 변경 : F2

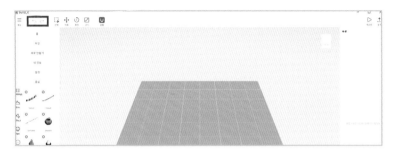

[자료 2-14] 메뉴 이해하기 1(출처: 제페토 빌드잇)

[자료 2-14]는 이전 작업으로 되돌아가기다.

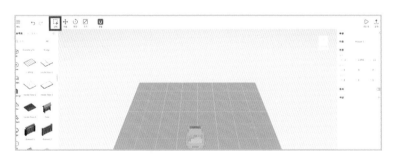

[자료 2-15] 메뉴 이해하기 2(출처: 제페토 빌드잇)

[자료 2-15]는 편집 중인 오브젝트를 선택하기다. 선택을 누르고 편집하고자 하는 오브젝트를 클릭하면 파랗게 활성화된다.

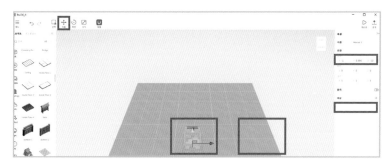

[자료 2-16] 메뉴 이해하기 3(출처: 제페토 빌드잇)

[자료 2-16]처럼 이동을 클릭하고 이동할 오브젝트를 클릭하면 파랗게 활성화되면서 화살표 모양이 나온다. 화살표 중앙의 네모 위에 마우스를 올려놓고 왼쪽 마우스를 누르면 노랗게 활성화된다. 노랗게 활성화된 상태에서 마우스를 빨간색 화살표 모양으로 움직일 수 있다. 파란색으로 이동하고 싶다면, 다시 중앙의 파란색 상자를 클릭해서 노랗게 활성화될 때 파란색 쪽으로 이동이 가능하다. 다른 방법으로는 속성 위치에서 X, Y, Z에 숫자를 입력해서 위치를 변경할 수 있다.

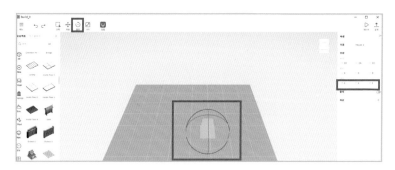

[자료 2-17] 메뉴 이해하기 4(출처: 제페토 빌드잇)

[자료 2-17]은 오브젝트 회전하기다. 회전하기를 클릭하고 오브젝트를 클릭하면 파랗게 활성화된다. 빨간색 X축은 왼쪽으로 회전하고, 초록색 Y축은 오른쪽으로 회전한다. 파란색 Z축은 위, 아래로 회전한다. 회전하고자 하는 색깔의 축 위에 마우스를 클릭해서 노랗게 활성화될 때 마우스를 이용해서 회전할 수 있다. 속성에서 좌표 숫자로 회전할 수도 있다.

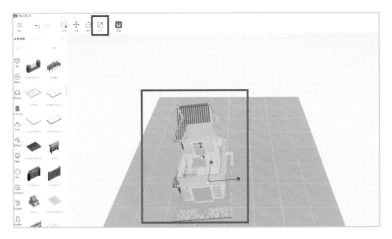

[자료 2-18] 메뉴 이해하기 5(출처: 제페토 빌드잇)

[자료 2-18]은 오브젝트 크기 조정하기다. 상단에 '크기'를 클릭하고 오브젝트를 선택하면 파랗게 활성화되고 이동할 때처럼 화살표가 생긴다. 오브젝트 이동과 똑같은 방법으로 중앙의 네모 위에 마우스를 올려서 노랗게 활성화되면, 화살표를 움직여 원하는 사이즈로 크기 변경이 가능하다. 속성에서 숫자를 이용해서 정교하게 크기 변경도 할 수 있다.

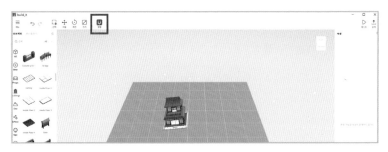

[자료 2-19] 메뉴 이해하기 6(출처: 제페토 빌드잇)

[자료 2-19] 정렬은 오브젝트를 규칙적으로 놓을 수 있게 정렬하는 것이다. 예를 들어 편집할 때, 학교 책상을 일률적으로 놓는 경우 등에 좋다. 그러나 오브젝트 회전이나 다른 오브젝트를 편집할 때는 이 기능을 비활성으로 하면, 오브젝트 편집이 더 부드럽게 이동하고 회전할 수 있다.

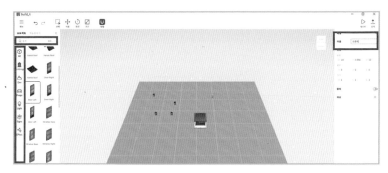

[자료 2-20] 메뉴 이해하기 7(출처: 제페토 빌드잇)

[자료 2-20]처럼 오브젝트를 검색하고 편집할 수도 있다. 나만의 월드를 만드는 데는 다양한 오브젝트들이 많이 쓰인다. 건물, 음식, 자연현상, 조명, NPC(안내 캐릭터), 교통표지판 등 다양한 구성요소들을 오브젝트에서 검색해서 내 월드에서 편집할 수 있다. 왼쪽 오브젝트 메뉴에서 찾을 수도 있고, 영문으로 원하는 오브젝트를 검색할 수도 있다.

오브젝트를 검색할 때는 ALL로 해놓고 전체에서 검색해야 한다. 내가 찾고자 하는 중간 테마를 선택하고 오브젝트를 검색하면 내가 찾는 오브젝트를 찾기가 쉽다.

오브젝트를 선택해놓고 오른쪽에 오브젝트 이름을 입력한다. 빌드를 만들 때 많은 오브젝트를 사용하거나 위치나 크기를 수정해야 할 때를 위해서 내가 찾기 쉬운 이름으로 저장해놓으면 2차 편집할 때 좋다.

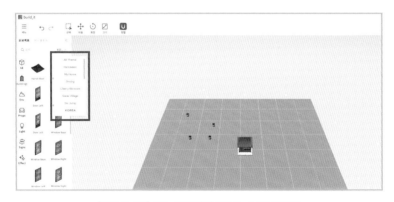

[자료 2-21] 메뉴 이해하기 8(출처: 제페토 빌드잇)

예를 들어 앞의 [자료 2-21]처럼 한국에 있는 월드를 만들고 싶다면, All 위에 마우스를 두고 아래로 내리면 korea가 활성화되고, 그에 맞는 오브젝트가 검색된다. 다양한 오브젝트들 중에서 내가 원하는 오브젝트를 찾는 가장 쉬운 방법이다.

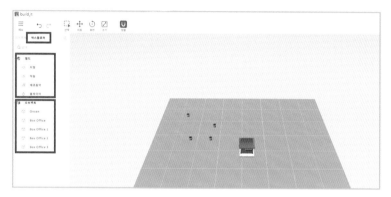

[자료 2-22] 메뉴 이해하기 9(출처: 제페토 빌드잇)

[자료 2-22]는 익스플로러 탭이다. 이 메뉴는 월드의 지형과 하늘, 배경음악, 그리고 아바타의 움직임 속도를 편집·설정한다. 오브젝트는 빌드 공간에 있는 오브젝트들이다. 월드를 빌드하다 보면 2차 편집이 필요하다. 그때 오브젝트를 여기서 찾아서 편집하면 좋다.

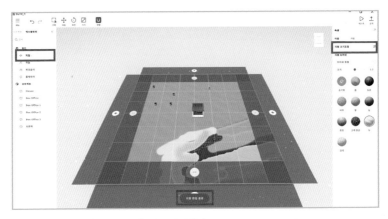

[자료 2-23] 메뉴 이해하기 10(출처: 제페토 빌드잇)

[자료 2-23]은 지형의 크기를 편집할 수 있다. 먼저 지형을 클릭한 후, 오른쪽 속성에서 지형 크기를 클릭한다. +2열, -2열로 확대 축소가 가능하다. 지형의 크기는 최소 6×6, 최대 12×12 사이즈다. 내가 원하는 지형의 크기로 편집이 끝나면 하단의 '지형 편집 종료'를 클릭하면 된다.

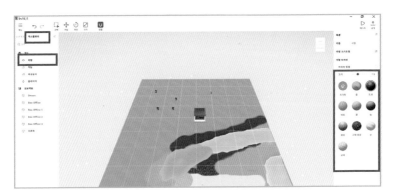

[자료 2-24] 메뉴 이해하기 11(출처: 제페토 빌드잇)

[자료 2-24]는 이제 내가 만드는 월드의 기본 지형 만들기다. 지형을 클릭하고, 오른쪽 속성에서 브러쉬 크기를 이용해서 붓으로 물감을 칠하듯 마우스로 드래그하면 풀, 도로, 바위, 물, 늪, 용암, 고체용암, 눈, 모래를 표현할 수 있다. 모든 지형을 클릭해서 연습해보고, 브러쉬 크기도 조절해서 내가 원하는 지형을 만들면 된다.

브러쉬 크기는 마우스로 조절 가능한데, 옆에 숫자로 내가 원하는 사이즈를 적어서 변경할 수 있다. 브러쉬는 최대 20까지 조절할 수 있다. 또한, 빌드잇 기본 화면이 풀로 되어 있기에 풀을 선택해도 변화가 없다.

지형을 편집하다가 수정할 때는 초기화를 클릭하고, 삭제하고자 하는 지형을 마우스로 드래그해서 지울 수 있다.

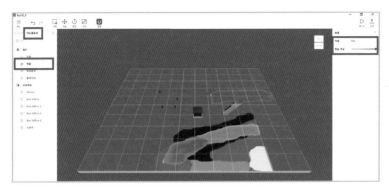

[자료 2-25] 메뉴 이해하기 12(출처: 제페토 빌드잇)

[자료 2-25]는 내가 만들고 싶은 월드에 하늘을 표현하는 메뉴다. 익스플로러를 클릭하고 하늘을 클릭한다. 오른쪽 속성에서 하늘의 색깔을 선택해 월드의 시간을 표현할 수 있다. 밤을 표현하고 싶다면 오른쪽으로 갈수록 보라색으로 어두워진다. 아침을 원한다면 왼쪽으로 가서 노랗게 표현하면 된다.

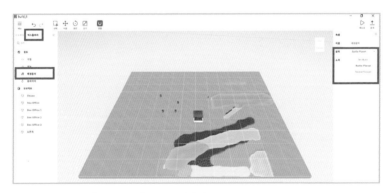

[자료 2-26] 메뉴 이해하기 13(출처: 제페토 빌드잇)

[자료 2-26]은 내가 만든 월드에 배경음악을 설정할 수 있다. 오른쪽 속성에서 배경음악을 마우스로 선택해서 설정한다. 설정한 음악을 듣기 위해서는 속성에서 음악 아래 소리를 활성화하면 열여덟 가지 음악을 들을 수 있다. 방문하는 아바타들이 내 공간에서 플레이할 때 음악을 들을 수 있도록 배경음악을 선택해서 설정해준다.

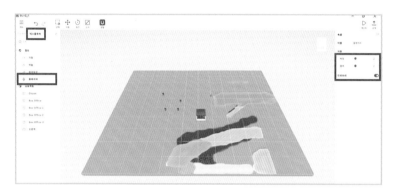

[자료 2-27] 메뉴 이해하기 14(출처: 제페토 빌드잇)

[자료 2-27]처럼 플레이어는 월드에서 더 재미있는 플레이를 위해 아바타의 움직임 속도와 점프 레벨을 설정할 수 있다. 1에서 5까지 레벨이 있다. 인벤토리(Inventory)는 게임에서 플레이어가 획득한 각종 아이템이나 물품을 보관하는 장소를 말한다. 이것은 그대로 활성화시키면 된다.

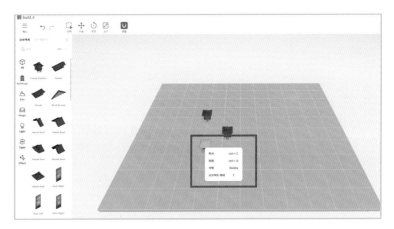

[자료 2-28] 메뉴 이해하기 15(출처: 제페토 빌드잇)

오브젝트를 빌드잇 편집판에 올려놓으려면 [자료 2-28]처럼 먼저 원하는 오브젝트를 클릭하고, 내가 찾을 오브젝트를 찾아서 마우스로 원하는 곳에 클릭하면 설치된다. 하나를 설치하고 나서 마우스를 움직이면 그대로 오브젝트가 파랗게 활성화되어 따라다닌다. 원하는 설치가 끝났을 경우, 마우스 오른쪽을 클릭하면 따라다니는 오브젝트가 사라진다.

설치된 오브젝트를 편집할 때는 마우스 오른쪽을 클릭해서 복사, 복제, 삭제, 오브젝트 확대를 통해 설치된 오브젝트의 편집을 할 수 있다. 오브젝트를 삭제하는 또 다른 방법은 마우스로 삭제할 오브젝트를 클릭하고 Delete를 누르거나 Backspace를 누르면 된다.

　3차원 디자인인 빌드잇은 바닥 화면을 다양하게 이동해서 정교하게
오브젝트를 배치해야 한다. 배경화면을 자유롭게 움직이는 방법은 마
우스를 배경화면에 두고 마우스 오른쪽을 누르면 된다. 자유롭게 움직
여서 오브섹트가 공간에 맞게 배치되었는지 확인할 수 있다. 그리고 마
우스 휠을 앞으로 밀면 화면이 확대되고, 마우스 휠을 뒤로 당기면 축소
된다. 작은 오브젝트들을 배치할 때 가장 많이 사용되는 기능이다.

[자료 2-29] 메뉴 이해하기 16(출처: 제페토 빌드잇)

　[자료 2-29]는 편집 화면을 다양한 각도로 보여주는 메뉴다. 오브젝
트가 원하는 위치에 제대로 배치되었는지 확인할 수 있도록 오른쪽 상
단의 FRONT에서 사면의 화살표들을 클릭하면 위, 아래, 왼쪽, 아래쪽
의 4면에서 바라보는 위치로 화면을 볼 수 있다. TOP에서도 사면의 화
살표들을 클릭하면 위, 아래, 왼쪽, 오른쪽 면에서 바라보는 사면의 모
습을 확인할 수 있다. 제페토 월드는 3D다. 그렇기 때문에 빌드잇 편집

을 할 때, 입체감을 감안해서 오브젝트 배치를 해야 한다.

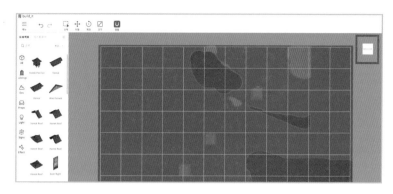

[자료 2-30] 메뉴 이해하기 17(출처: 제페토 빌드잇)

[자료 2-30]은 편집 화면을 FRONT에서 '▲'를 클릭하면 지형의 땅속의 모습을 볼 수 있다. 오브젝트를 배치하다 보면 땅속으로 박히는 경우가 있는데, 그것을 확인하고 수정하기 위해서 오브젝트 배치 후 한 번씩 확인해야 한다.

[자료 2-31] 메뉴 이해하기 18(출처: 제페토 빌드잇)

[자료 2-31]은 편집 화면을 FRONT에서 '▶'를 클릭하면 왼쪽, 오른쪽에서 바라보는 화면을 볼 수 있다.

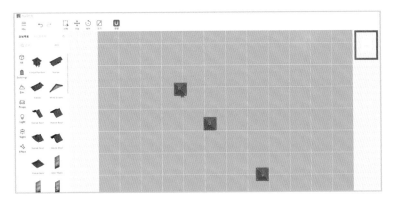

[자료 2-32] 메뉴 이해하기 19(출처: 제페토 빌드잇)

[자료 2-32]는 현재 편집 화면에서 'TOP'을 클릭하고, 하늘 위에서 바라보는 각도다.

08 오브젝트 종류 확인하기

빌드잇의 오브젝트 종류는 다음과 같다.

All(전체 오브젝트), New(새로 올라온 오브젝트), Props(일반/이벤트 소품), Furniture(가구들), Foods(음식), Traffic(교통/길거리), Buildings(건물 관련), Env(자연 경관 오브젝트), Food(음식 오브젝트), Etc(기타 용품), Signs(표지판/팻말), Effect(다양한 특수효과), Light(조명/불), Npc(월드 안 도우미 캐릭터), Spawn(아바타가 월드에 등장하게 되는 지점), Cube(테마별 정사각형 오브젝트), Polygon(오르막길 모양 오브젝트), Pillar(원기둥 모양 오브젝트), Stair(계단 모양 오브젝트), Round(곡선 모양 오브젝트), Arch(구부러진 곡선 / 쐐기 모양 오브젝트), Attach(상호작용 오브젝트), Text(영어/숫자/특수문자)가 있다.

빌드잇에서 제공해주는 다양한 오브젝트를 먼저 모두 확인하고, 내가 만드는 월드에 필요한 오브젝트들을 미리 구상해놓는 것이 좋다. 그러기 위해서는 일단 모든 오브젝트를 열어서 어떤 것들이 있고, 어떤 상호작용이 있는지 확인해야 한다.

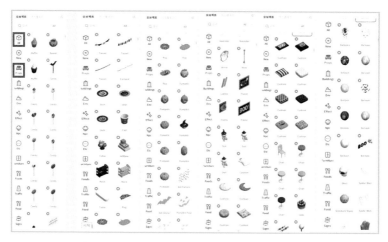

[자료 2-33] Props 오브젝트 종류(출처: 제페토 빌드잇)

[자료 2-33]은 Props(일반/이벤트 소품등) 오브젝트 세부 종류다. 월드 제작 시 내가 원하는 오브젝트 위치를 미리 파악하고, 이름을 메모해서 정리해놓으면 좋다.

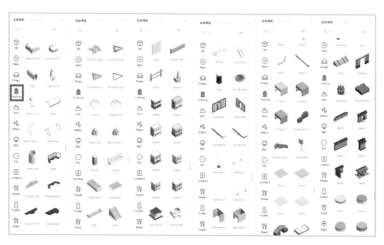

[자료 2-34] Buildings 오브젝트 종류(출처: 제페토 빌드잇)

[자료 2-34]는 Buildings(건물 관련) 오브젝트 세부 종류다. 나만의 스타일로 빌딩을 만들 수도 있고, 빌딩 자체를 선택할 수도 있다.

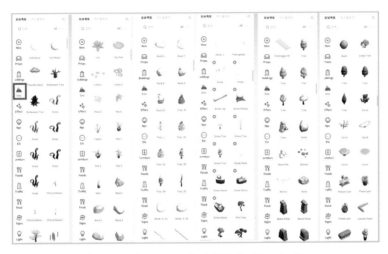

[자료 2-35] Env 오브젝트 종류(출처: 제페토 빌드잇)

[자료 2-35]는 Env(자연경관 오브젝트) 오브젝트 세부 종류다.

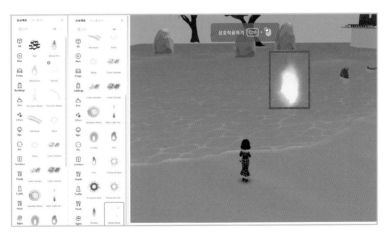

[자료 2-36] Effect 오브젝트 종류와 예시(출처: 제페토 빌드잇)

[자료 2-36]은 Effect(다양한 특수 효과) 오브젝트 세부 종류다. 월드를 제작할 때 너무 많은 효과를 넣으면 렉이 자주 걸리고 심사에서 불리하다. 특수 효과는 저녁이나 밤 시간 월드를 제작할 때 좋다.

[자료 2-37] Npc 오브젝트 종류(출처: 제페토 빌드잇)

[자료 2-37]의 Npc 오브젝트는 월드에 배치하는 안내 캐릭터다. 현재는 세 가지 종류가 있으나 앞으로 더 다양해질 것이라 생각한다. Npc는 월드에 들어오는 캐릭터와 상호작용을 해준다. 그리고 빌드잇을 편집할 때 빌딩이나 건물의 크기를 체크해보기 위해 배치하고 작업하는 경우가 많다.

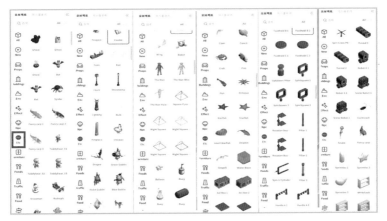

[자료 2-38] Etc 오브젝트 종류(출처: 제페토 빌드잇)

[자료 2-38]은 Etc(기타 용품) 오브젝트 세부 종류다.

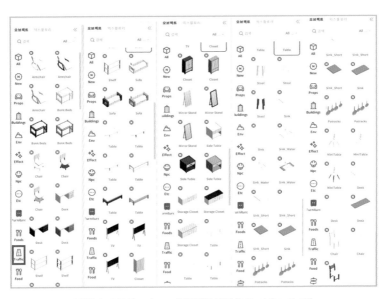

[자료 2-39] Furniture 오브젝트 종류(출처: 제페토 빌드잇)

[자료 2-39]는 Furniture(가구) 오브젝트 세부 종류다.

[자료 2-40] Food 오브젝트 종류(출처: 제페토 빌드잇)

[자료 2-40]은 Food(음식 오브젝트) 종류다.

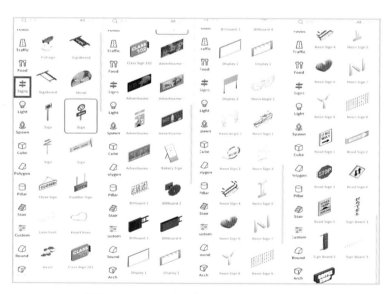

[자료 2-41] Signs 오브젝트 종류(출처: 제페토 빌드잇)

[자료 2-41]은 Signs(표지판/팻말) 오브젝트 세부 종류다.

[자료 2-42] Light 오브젝트 종류(출처: 제페토 빌드잇)

[자료 2-42]는 Light(조명/불) 오브젝트 세부 종류다. 밤이나 콘서트 무대 등을 만들 때 많이 사용한다.

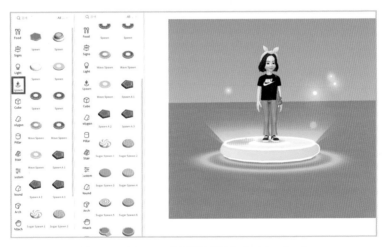

[자료 2-43] Spawn 오브젝트 종류(출처: 제페토 빌드잇)

[자료 2-43]은 Spawn(아바타가 월드에 등장하게 되는 지점) 오브젝트 세부 종

류다. Spawn은 캐릭터가 내가 만든 월드에 들어올 때 첫 등장하게 되는 지점이다. 월드 제작 시 여러 곳에 배치하는 것이 좋다.

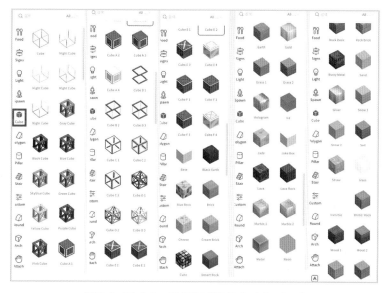

[자료 2-44] Cube 오브젝트 종류(출처: 제페토 빌드잇)

[자료 2-44]는 Cube(테마별 정사각형 오브젝트) 세부 종류다. 월드를 제작할 때 가장 기본으로 사용되는 오브젝트로, 내가 만든 물건의 기본 구조물로 쓰인다. 색깔을 입혀 사용할 수 있다.

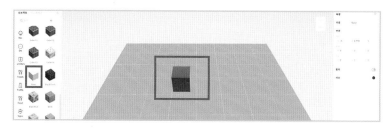

[자료 2-45] Base 큐브(출처: 제페토 빌드잇)

[자료 2-45]는 색깔을 입혀 사용하기 가장 좋은 Base 큐브다. 오른쪽 속성에 있는 색깔을 클릭해서 원하는 색깔을 입혀 나만의 물건이나 건물을 만들 수 있다. 다양한 종류의 큐브를 하나씩 클릭해서 특성을 파악하고, 내가 만들고자 하는 디자인에 어떻게 사용할지 미리 검토한다. 사용할 오브젝트들을 메모해서 사용하면, 맵을 제작하는 시간이 절약될 수 있을 것이다.

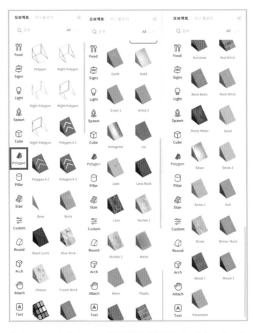

[자료 2-46] Polygon 오브젝트 종류(출처: 제페토 빌드잇)

[자료 2-46]은 Polygon(오르막길 모양 오브젝트) 세부 종류다. Base 등 몇 가지 오브젝트도 색깔을 변경할 수 있다.

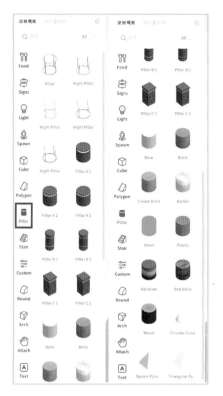

[자료 2-47] Pillar 오브젝트 종류(출처: 제페토 빌드잇)

[자료 2-47]은 Pillar(원기둥 모양 오브젝트) 세부 종류다. Base와 몇 가지 오브젝트도 색깔을 변경할 수 있다.

[자료 2-48] Stair 오브젝트 종류(출처: 제페토 빌드잇)

[자료 2-48]은 Stair(계단 모양 오브젝트) 세부 종류다. Base와 몇 가지 오브젝트도 색깔을 변경할 수 있다.

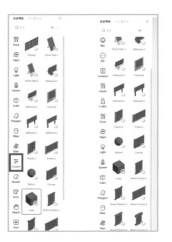

[자료 2-49] Custom 오브젝트 종류(출처: 제페토 빌드잇)

[자료 2-49] custom 오브젝트로 내 이미지를 넣어 월드에 배치할 수 있다.

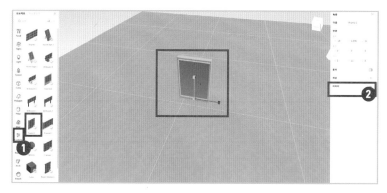

[자료 2-50] Custom 사용법 1(출처: 제페토 빌드잇)

[자료 2-50]은 Custom 오브젝트를 사용하는 방법이다. 먼저 사용하고자 하는 오브젝트를 클릭한다. 오브젝트 크기를 조절한 후, 오른쪽 속성에서 이미지를 클릭한다.

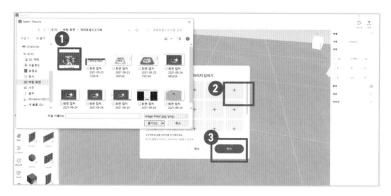

[자료 2-51] Custom 사용법 2(출처: 제페토 빌드잇)

[자료 2-51]처럼 오브젝트에 이미지를 넣기 위해 '+ 하기'를 클릭한다. 월드 하나의 맵에서 이미지는 20개까지 사용할 수 있다. 이미지를 선택하고 확인을 클릭한다.

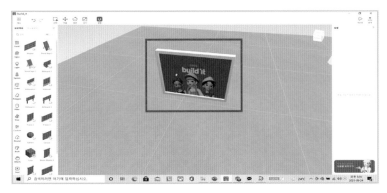

[자료 2-52] Custom 사용법 3(출처: 제페토 빌드잇)

[자료 2-52]처럼 Custom 오브젝트에 이미지 넣기가 완성되었다.

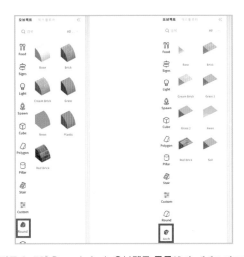

[자료 2-53] Round, Arch 오브젝트 종류(출처: 제페토 빌드잇)

[자료 2-53]은 Round(곡선 모양), Arch(구부러진 곡선 / 쐐기 모양)의 오브젝트 종류다.

[자료 2-54] Attach 오브젝트(출처: 제페토 빌드잇)

　[자료 2-54]의 Attach(상호작용)는 월드에서 캐릭터 상호작용을 할 수
있다. 다른 카테고리의 오브젝트들 중에서도 톱니바퀴가 있는 것은 이
렇게 상호작용이 가능한 오브젝트들이다.

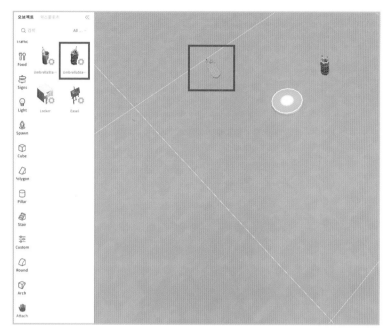

[자료 2-55] Attach 오브젝트 사용법 1(출처: 제페토 빌드잇)

[자료 2-55]는 Attach(상호작용) 오브젝트를 사용하는 방법이다. 사용할 오브젝트를 클릭하고 편집판에 배치한다.

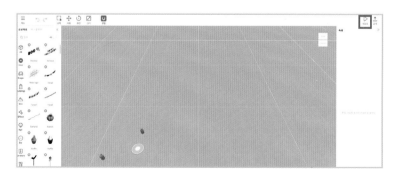

[자료 2-56] Attach 오브젝트 사용법 2(출처: 제페토 빌드잇)

[자료 2-56]처럼 오브젝트가 잘 배치되었는지 확인하기 위해 오른쪽 상단의 테스트를 눌러 월드를 실행한다. 또는 Ctrl+P 키로 테스트할 수 도 있다.

[자료 2-57] 설치한 오브젝트 실행 1(출처: 제페토 빌드잇)

[자료 2-57]처럼 테스트를 통해 내 캐릭터가 월드로 들어가서 상호 작용 오브젝트 옆으로 간다. 상호작용은 'Ctrl + 마우스 왼쪽'을 클릭하 면 된다. 캐릭터 이동 방법은 키보드의 화살표나, W, A, S, D를 이용할 수 있다. 스페이스 바를 누르면 캐릭터가 점프한다.

[자료 2-58] 설치한 오브젝트 실행 2(출처: 제페토 빌드잇)

[자료 2-57]을 실행하면 손가락 모양이 나온다. 마우스를 이용해서 '+하기'를 클릭하면 상호작용이 되어 [자료 2-58]처럼 우산이 나온다. 상호작용을 끝내려면 키보드에서 'G'를 누르면 된다.

[자료 2-59] Text 오브젝트 종류(출처: 제페토 빌드잇)

[자료 2-59]의 Text 오브젝트는 영어, 숫자, 그리고 특수문자다. 포토 존이나 미세 간판을 만들 때 사용한다.

빌드잇에서 제공해주는 오브젝트는 지금도 계속 업그레이드되고 있다. 빌드잇을 통해 맵을 제작할 때, 먼저 오브젝트들의 특성을 잘 파악하고, 그것들을 메모해서 적절히 잘 사용하는 것이 중요하다. 왜냐하면, 오브젝트들이 카테고리별로 잘 정리되어 있지 않기 때문이다. 상호작용하는 오브젝트들은 다양한 카테고리에 나누어져 있다. 오브젝트를 찾을 때는 All에서 찾고자 하는 오브젝트의 이름으로 검색해서 사용하는 것이 가장 좋은 방법이다.

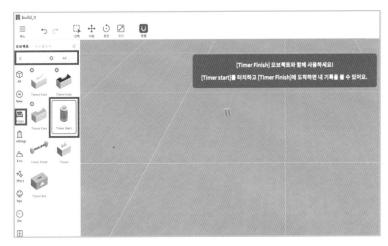

[자료 2-60] 시간을 체크하는 오브젝트 1(출처: 제페토 빌드잇)

[자료 2-60]은 제페토 월드에서 상호작용으로 시간을 체크하는 오브젝트다. 내가 디자인한 월드에 이벤트성으로 배치해도 좋다. Props에 있다. 검색해서 찾는 것이 가장 쉬운 방법이다.

검색창에 Time을 검색하면 Timer Start와 Timer Finish 오브젝트가 검색된다. [자료 2-60]처럼 Timer Start를 클릭해서 편집 화면에 배치하면, Timer Finish와 함께 쓰라는 안내 팝업이 뜬다.

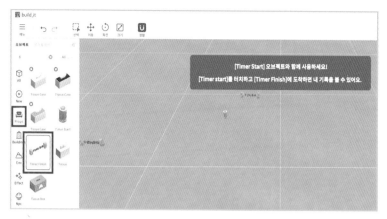

[자료 2-61] 시간을 체크하는 오브젝트 2(출처: 제페토 빌드잇)

[자료 2-61]은 Timer Finish 오브젝트를 편집 화면에 힘께 배지한 것이다.

[자료 2-62] 시간을 체크하는 오브젝트 3(출처: 제페토 빌드잇)

[자료 2-62]는 [자료 2-61]을 테스트한 모습이다. Timer Start 오브젝트의 가까이에 가면 상호작용을 할 수 있다. 'Ctrl + 마우스 왼쪽'을 클릭하면 손가락이 나온다. 톱니바퀴 모양을 클릭하면 바로 타이머가 시작된다. Timer Finish 오브젝트로 달려가면 시간이 체크되어 나온다. Timer Finish 오브젝트에 도착하면 멋진 꽃가루가 나온다.

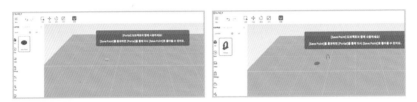

[자료 2-63] Portal, Save Point 오브젝트(출처: 제페토 빌드잇)

[자료 2-63]은 Portal 오브젝트를 통해 Save Point 오브젝트로 되돌아올 수 있게 하는 상호작용 오브젝트다. 검색해서 찾는 것이 좋다. ALL 상태에서 영어로 검색하면 오브젝트가 나온다. Portal 오브젝트를 설치하면 맵을 돌아다니지 않고 특정 구간을 순간이동할 수 있다.

[자료 2-64] Portal, Save Point 오브젝트 실행 모습(출처: 제페토 빌드잇)

[자료 2-64]는 캐릭터가 Save Point 오브젝트와 상호작용을 하는 모습이다. 활성화된 Portal 오브젝트에 가서 화살표 '>>' 모양 아이콘을 클릭한다. 그럼 다시 Save Point로 되돌아올 수 있다. Save Point 오브젝트는 월드 여러 곳에 설치할 수 있다.

지금까지 내가 만들 월드를 위해 빌드잇에서 제공해주는 다양한 오브젝트 종류들을 확인해봤다.

[자료 2-65] **맵 공개하기 1**(출처: 제페토 빌드잇)

[자료 2-65] 디자인을 공개하려면 오른쪽 상단의 '공개'를 클릭한다.

[자료 2-66] **맵 공개하기 2**(출처: 제페토 빌드잇)

[자료 2-66]처럼 내가 만들 월드를 공개하기 위해 '확인'을 클릭한다.

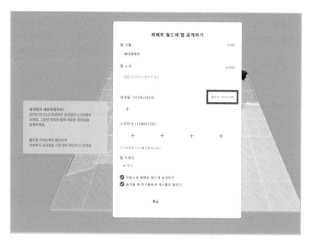

[자료 2-67] 맵 공개하기 3(출처: 제페토 빌드잇)

[자료 2-67]처럼 맵 공개를 위한 세부 내용을 입력한다. 제목, 맵 소개를 900자 이내로 적는다. 공개 전에 심사에 통과해야 하는데, 빌드잇 가이드라인을 참고해서 작성해야 한다.

빌드잇 가이드라인

제페토 스튜디오의 가이드라인을 통과한 콘텐츠만 업로드하거나 입점할 수 있습니다. 제페토 스튜디오의 가이드라인에 해당하지 않는 경우에도 제페토 스튜디오가 부적절하다고 판단되는 콘텐츠에 대해서는 업로드 또는 입점이 불가하며, 유저에 의해 사용되거나 판매가 된 이후에도 중단될 수 있습니다. 제페토 스튜디오의 가이드라인은 제페토 커뮤니티 가이드라인을 준수합니다.

※ 크리에이터 맵 섬네일 크기 변경 안내(V0.18.0)

빌드잇 V0.18.0부터 1024x1024pt(1:1)으로 섬네일 크기가 변경되었습니다. 제작한 맵이 더 매력적으로 보일 수 있도록 최신 버전으로 업데이트 해주세요.

1. 빌드잇 섬네일 가이드라인

섬네일은 제페토 사용자들이 맵에 방문하기 전, 맵에 대한 매력을 판단할 수 있는 이미지입니다.

DO IT! 섬네일은 아래와 같이 제작해야 합니다.
  1.1. 해상도 1024x1024pt(1:1) 사이즈의 섬네일
  1.2. 맵의 특징 또는 전경이 정돈된 텍스트(맵 이름)와 함께 활용된 섬네일
  1.3. 맵의 분위기에 어울리는 캐릭터가 텍스트(맵 이름)와 함께 활용된 섬네일

DO NOT! 다음 항목에 해당되는 맞춤 섬네일은 심사 과정에서 거절될 수 있습니다.
(FAQ) '완성도가 부족한 섬네일' 사유로 심사에서 거절되었어요.
  1.4. 섬네일이 1024x1024pt(1:1) 사이즈에 맞지 않을 경우
  1.5. PNG 이미지 형식의 투명 배경이 그대로 보이는 이미지

1.6. 전체 사이즈 대비 하늘 등 빈 영역이 많은 경우

1.7. 정돈되지 않은 텍스트가 삽입된 경우

1.8. 현저히 낮은 해상도의 섬네일이 출력되는 경우

1.9. PC 화면이나 메뉴 등이 함께 출력되는 경우

1.10. 맵과 무관한 내용을 표현하는 경우

2. 빌드잇 리소스 가이드라인

맵을 구성하는 오브젝트, 스크린 샷 등 콘텐츠와 관련된 모든 리소스는 아래 항목에 해당되는 경우 심사 과정에서 거절될 수 있습니다.

2.1. 완성도가 현저하게 떨어지는 리소스(ex: 오브젝트 개수 20개 이하)

2.2. 오류 또는 특별한 이유 등으로 제페토 서비스 내에서 정상적으로 출력되지 않는 리소스(ex: 많은 수의 오브젝트가 배치되었을 경우)

2.3. 테스트 목적으로 맵을 등록하는 경우

2.4. 커스텀 오브젝트에 삽입된 이미지에 영화, 게임, 방송 등 타 콘텐츠 및 브랜드를 직접 포함하거나 암시할 경우

2.5. 키워드와 상관이 없는 맵인 경우

3. 기타

제페토 스튜디오 가이드라인과 관련해서 궁금하신 사항이 있으면 고객센터로 언제든지 문의 남겨주세요.

(출처: 빌드잇)

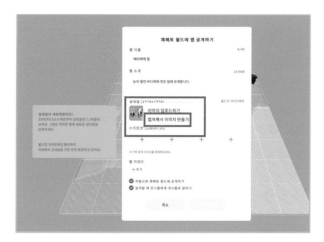

[자료 2-68] 맵 섬네일 올리기(출처: 제페토 빌드잇)

섬네일을 올리려면 [자료 2-68]처럼 두 가지 방법이 있다. 외부에서 이미지를 만들어 저장해놓은 것을 올리는 방법과 빌드잇에 캡처해서 올리는 방법이다.

[자료 2-69] 맵 섬네일 이미지 만들기(출처: 제페토 빌드잇)

[자료 2-69]는 빌드잇에서 섬네일을 편집하는 방법이다. 캐릭터와 텍스트 배경 색상을 편집해서 '스크린 캡처 완료'를 클릭한다. 스크린샷도

똑같은 방법으로 하면 된다.

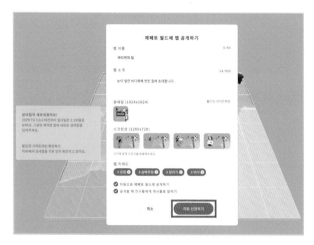

[자료 2-70] 맵 키워드를 설정하고 리뷰 신청하기(출처: 제페토 빌드잇)

[자료 2-71] 맵 리뷰 신청하기(출처: 제페토 빌드잇)

앞의 [자료 2-70]처럼 맵 키워드를 네 개 선택하고 '리뷰 신청하기'를 하면 [자료 2-71]처럼 리뷰 심사 안내가 나온다.

[자료 2-72] 홈 화면에서 심사 중 확인하기(출처: 제페토 빌드잇)

[자료 2-72]처럼 홈 화면에서 심사 중인 맵이 체크된다. 이제 심사 결과만 기다리면 나만의 월드를 가지게 된다.

[자료 2-73] 가이드 참고하기(출처: 제페토 스튜디오)

메타버스 안에서는 나만의 세상을 만들 수 있는 빌드잇 프로그램을 통해 뛰어난 기술이 없어도 빌드잇에서 제공해주는 많은 오브젝트와 템플릿을 이용해서 맵 제작을 할 수 있다.

메타버스로 인해 다양한 직업들이 생기고 있다. 메타버스는 이제 시작이다. 누구나 메타버스 맵 제작에 관심을 가지고 시간을 투자한다면 메타버스 안에 디자이너 건축가가 될 수 있다.

[빌드잇]

기본 조작법
- 마우스 휠 스크롤 : 화면 확대/축소
- 마우스 휠 클릭 : 상, 하, 좌, 우 이동(=스페이스바 + 왼 마우스 클릭)
- 오른 마우스 클릭 : 회전

상단 메뉴툴	선택	이동	회전	쿠기	정렬	
	1	2	3	4	6	
맵 단축키	A	D	W	S	Q	E
	맵좌	우 이동	확대	축소	상	하
오브젝트	F	ESC	DEL	CTRL+Z	CTRL+Y	CTRL+D
	확대	선택취소	삭제	취소	재실행	복제
맵테스트	CTRL+P	ESC	CTRL +톱니바퀴	G		
	맵테스트	나가기	상호작용	상호작용 해제		
오브젝트효과	Balloon	풍선>물리	Custom	이미지로 커스터마이징 가능한 오브젝트		
[검색] • 반드시 All로 선택된 상태에서 검색						
Cube	Spawn	Water	Bench	Attach	Timer	Vehicle Kiosk
상자	등장위치	수영장	상호작용	상호작용	타이머	자동차 탑승
Portal / Save point : 포털 이용						

[자료 2-74] 빌드잇 기본 조작법

METAVERS

CHAPTER 03

게더타운
(Gather.town)

01 게더타운이란 무엇인가?
02 다른 화상 시스템과 다른 게더타운만의 특징
03 게더타운 회원 가입 방법
04 개성 있는 캐릭터 설정하기
05 게더타운 방(Space) 만들기
06 게더타운 주요 기능 알아보기
07 게더타운 방 꾸미기
08 맵 메이커 활용하기
09 게더타운 100배 활용하기

CREATOR

코로나19로 인한 팬데믹 현상과 언택트 시대가 도래되면서 컴퓨터나 스마트폰을 이용해서 화상시스템인 줌(Zoom)을 통한 강의와 회의가 많이 늘어났다. 이로 인해 화면을 통해 서로 얼굴을 보고 집중해야 하는 피로감과 부담감이 커지는 '줌피로증후군'이라는 스트레스를 호소하는 사람들이 늘고 있다.

이런 불편함을 해결해줄 플랫폼이 바로 게더타운이다. 게더타운은 사용자들이 마치 게임을 하듯이 메타버스 공간에서 자신의 개성 있는 아바타를 만들어 활동하면서 자신만의 공간을 꾸밀 수 있고, 화상회의를 할 수 있다. 이 장에서는 기존의 화상회의와 메타버스의 기능을 결합한 게더타운에 대해서 구체적으로 설명하고자 한다.

게더타운(Gather.town)은 미국 스타트업 회사인 '게더(Gather)'의 공동 창업자인 쿠마일 재퍼(Kumail Jaffer), 사이러브 타브리지(Cyrus Tabrizi), 필립 왕(Pillip Wang)이 함께 만든 온라인 플랫폼으로, 기존 화상회의 플랫폼의 불균형을 잘 잡아주고 있다. 2020년 5월에 서비스를 시작해 메타버스 기반의 가상 오피스뿐만 아니라 화상회의의 기능도 제공하고 있다. 게더는 맞춤형 가상 공간을 구축하고, 맞춤형 가상 공간에서 가상 이벤트를 주최할 수 있게 해주는 서비스 기반 플랫폼인 소프트웨어다.

마우스 오른쪽 버튼 클릭 후 한국어 번역 기능 활용하면 편리함

[자료 3-1] 게더타운 메인 화면(출처: 게더타운)

게더타운은 크롬과 파이어폭스에 최적화된 플랫폼이고, 베타 버전이기에 모바일 버전보다는 PC로 사용해야 제한 없이 다양한 기능을 활용할 수 있다.

기존의 화상회의 플랫폼과 차별화된 게더타운만의 특징은 2D 캐릭터 사용으로 자유롭게 화상 대화를 하기에 유연하다는 데 있다. 그리고 다양한 협업 툴과 멀티미디어의 연동이 가능하고, 자유로운 커스터마이징 등을 할 수 있다는 것도 특징으로 꼽을 수 있다.

컴퓨터 시스템의 기본적인 사양은 2.4GHZ 듀얼 코어, 8GB RAM 이상, 인터넷 속도는 다운로드 속도 10Mbps, 업로드 속도 3Mbps 이상일 때 게더타운 기능을 대부분 사용할 수 있다. 하지만 참여자 수가 20명이 넘는 경우, 시스템이 불완전할 수 있다. 게더타운은 한 공간에 25명까지 무료로 이용할 수 있지만, 25명이 초과할 경우는 2시간 기준으로 1인당 $2를 추가로 지불해야 하고, 하루를 이용할 경우는 1인당 $3 추가, 한 달 이용 시는 1인당 $7를 추가해야 한다. 또한, 25명까지 무료라고 해서 28명이 이용할 경우, 3명의 비용만 지불하는 것이 아닌 28명의 비용을 일괄 결제하고 사용해야 한다.

[자료 3-2] 게더타운 요금 안내(출처: 게더타운)

게더타운에 가입하기 위해서는 '크롬'으로 접속해야 하지만, '마이크로소프트 엣지'나 '파이어폭스'도 원활하게 접속해서 사용할 수 있다. 행사나 모임 참가자라면 회원 가입을 할 필요는 없다.

1 구글계정으로 가입하기

크롬을 실행한 후, 게더타운(https://www.gather.town)에 접속해서 회원 가입을 하면 된다. 오른쪽 상단의 로그인을 클릭한다.

[자료 3-3] 게더타운 회원 가입(출처: 게더타운)

회원 가입을 하는 방법에는 두 가지가 있는데, 첫 번째는 크롬으로 접속해서 구글 이메일로 회원 가입을 하는 방법이다.

[자료 3-4]처럼 로그인을 누르면 나타나는 'Sign in with Google'을 클릭하면, 회원 가입을 하고자 하는 사람의 계정이 나타나고, 그중 계정 하나를 선택하면 복잡한 절차 없이 간단하게 회원 가입이 끝난다.

[자료 3-4] 구글계정(좌) 중 하나를 선택(우)해서 클릭(출처: 게더타운)

2 타 메일계정으로 가입하기

회원 가입을 하는 방법 중 두 번째는 구글계정이 아닌 타 메일로 가입하는 방법인데, 네이버나 다른 사이트의 이메일을 입력하고 'Sign in with email'을 클릭하면 [자료 3-5]처럼 여섯 자리 코드 번호를 넣으라는 창이 나타난다.

[자료 3-5] 구글계정이 아닌 타 계정(좌)으로 입력한 메일을 인증하는 코드번호(우) 입력(출처: 게더타운)

[자료 3-6]처럼 메일을 열면 [자료 3-5]에 입력할 여섯 자리 코드번호가 발송된 것을 확인할 수 있다. 만약 메일이 오지 않는다면, 스팸 메일에 등록되어 있는지 반드시 확인해봐야 한다.

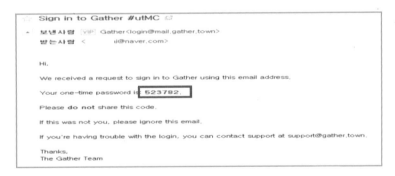

[자료 3-6] 이메일에 전송된 코드 번호 확인하기(출처: 네이버 메일)

이렇게 게더타운에서 회원 가입하는 방법에는 두 가지가 있다. 편한 방법은 코드 인증절차 없이 간편한 구글계정으로 가입하는 것이다.

개성 있는 캐릭터 설정하기

회원 가입이 끝났다면 나만의 멋진 캐릭터를 만들 수 있는 창이 뜨게 된다. 게더타운이 기존의 화상 플랫폼과 다른 장점이라면, 2D지만 나만의 개성 있는 아바타를 만들 수 있다는 것이다.

[자료 3-7] 캐릭터 설정 화면(출처 : 게더타운)

그럼, 귀여운 2D 캐릭터로 나만의 캐릭터를 머리부터 발끝까지 멋지게 꾸며보자.

[자료 3-8]의 왼쪽 박스처럼 'Base'를 누르고, 'Skin'을 누르면 피부색 변경이 가능하고, 가운데처럼 'Hair'를 누르면 머리스타일의 변신이 가능하다. 오른쪽처럼 'Facial Hair'를 누르면 수염도 만들어진다.

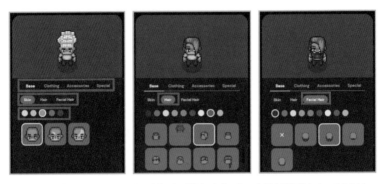

[자료 3-8] 좌 : 피부색 변경, 가운데 : 헤어 변경, 우 : 수염 만들기(출처 : 게더타운)

캐릭터 꾸미기 중에 [자료 3-9]처럼 'Clothing'을 누르고 왼쪽, 가운데, 오른쪽을 각각 선택하게 되면 상의와 하의뿐만이 아니라 신발까지 바꿀 수 있게 된다.

[자료 3-9] 상의 변경, 가운데 : 하의 변경, 우: 신발 변경(출처 : 게더타운)

[자료 3-10]처럼 'Accessories'를 누르고 선택을 하면 모자나 액세서리는 물론, 안경을 설정하거나 마스크까지 착용할 수 있다. 캐릭터 설정이 끝났다면 'Next Step'을 클릭하면 설정이 끝난다.

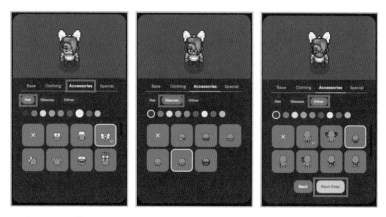

[자료 3-10] 좌 : 모자 쓰기, 가운데 : 안경 착용, 우 : 마스크 착용(출처: 게더타운)

캐릭터 설정이 끝났으면 다음의 [자료 3-11]처럼 이름을 설정해야 한다. 실명을 넣어도 되고 다른 이름도 가능하다. 입력을 완료했다면 'Finish'를 클릭하면 된다.

[자료 3-11] 캐릭터 이름 설정하기(출처: 게더타운)

개성 있는 캐릭터 설정이 끝나면 공간을 만들 수 있는 창이 나타나는데, 방 만들기라고 이해하면 쉽겠다.

[자료 3-12]처럼 오른쪽 상단의 'Create Space'를 클릭한다.

[자료 3-12] 게더타운 방 만들기(출처: 게더타운)

게더타운이 사용하기 좋은 점은 템플릿이 다양하다는 데 있다. 'Set up a warkspace', 'Organize an event', 'Explore social experiences' 등의 공간을 확인할 수 있다. [자료 3-13]처럼 만들고 싶은 공간을 선택하고 'Select Space'를 클릭한다.

[자료 3-13] 게더타운에서 만들고 싶은 공간 선택(출처: 게더타운)

[자료 3-14]를 보면, 기본적으로 만들어진 템플릿은 104종이다.
사무실(Office), 기념일(Seasonal), 경험(Experience), 소셜(Social), 회의(Conference), 교육(Education), 빈 공간(Blank) 등의 종류가 있다.

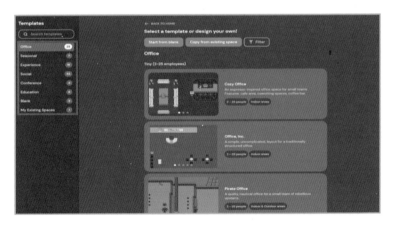

[자료 3-14] 게더타운에서 제공하는 기본 템플릿 설정(출처: 게더타운)

[자료 3-15]의 게더타운에서 선택한 템플릿에 방이 한 개가 아닌 경우는 ①번처럼 '>'를 클릭하면 다른 방도 볼 수 있고, '>'가 없다면 방이 하

나라는 뜻이다. ②번은 선택한 방의 수용인원이 '2~25people'로, 최대 25명이라는 뜻이다. ③번의 'indoor areas'는 실내만 있다는 말이다.

[자료 3-15] 템플릿 보는 법(출처: 게더타운)

[자료 3-16]처럼 개설할 방을 고르면 ①번과 같이 템플릿이 초록색으로 테두리가 생긴다. 방 선택을 했다면 ②번을 입력해야 방이 만들어진다.

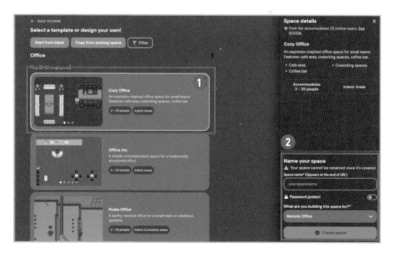

[자료 3-16] 개설하고 싶은 방 선택하기(출처: 게더타운)

[자료 3-17]처럼 방 설정이 완료되었다면 ①번에 이름을 입력해야 하는데, 이름은 숫자와 영문만 입력할 수 있고 한글 입력은 불가하다. 방을 전체로 오픈할 것이 아니라면 ②번처럼 비밀번호를 설정해서 ③번에 입력해야 하는데, 비밀번호는 반드시 기억하고 있어야 한다. 잊어버린다면 개설한 방에 입장할 수 없게 된다.

방을 왜 만드는지 목적을 선택해야 하는데, ④번을 보고 업무용(Coworkers / remote team), 친목용(Friends and family), 교육용(Educators and students), 회의용(Conferenceattendees), 연습용(Just trying Gather out), 기타(Other) 중 하나를 선택한다. 선택이 끝나면 ⑤ Create space'를 클릭하면 된다.

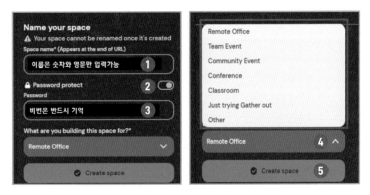

[자료 3-17] 좌 : 방 이름, 비번 설정, 우 : 방 개설 목적(출처: 게더타운)

[자료 3-18]은 제공되는 템플릿이 아닌 내가 원하는 대로 만들고 싶을 경우, 빈 공간으로 시작하는 'Blank'를 선택하면, 벽과 바닥만 만들어진 상태로 나와서 내가 다시 꾸밀 수 있다.

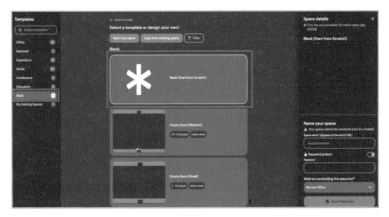

[자료 3-18] 빈 공간 선택하기(출처: 게더타운)

방을 개설하면 [자료 3-19]와 같이 카메라와 마이크를 설정하는 창이 나타나고, 줌과 같은 온라인 플랫폼에서 게더타운을 함께 사용할 때는 줌이나 게더타운 중 한 곳만 사용이 가능하기에 켜지지 않을 경우는 확인해봐야 한다.

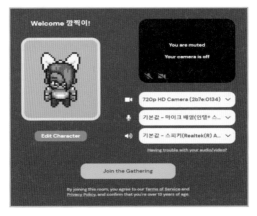

[자료 3-19] 카메라와 마이크 상태 체크(출처: 게더타운)

혹시라도 '마이크에 엑세스하려면 권한이 필요합니다'라는 오류 문구가 나오면 주소창의 열쇠 부분을 눌러 [자료 3-20]처럼 마이크, 카메라 등을 허용으로 바꿔야 한다.

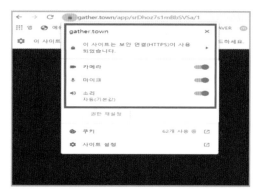

[자료 3-20] 비디오, 소리가 안 될 경우 확인하는 방법(출처: 게더타운)

게더타운에 처음 입장하면 [자료 3-21]처럼 튜토리얼 화면이 나타난다. 혹시라도 이상한 곳에 들어왔다고 생각하지 말고, 가장 기본이 되는 사용법을 익히는 공간이라고 이해하면 된다. 이 화면에서는 이동하는 방법이나 작동법에 대한 간단한 기능을 확인할 수 있다. 확인한 후 'Skip Tutorial'을 누르면 된다.

[자료 3-21] 튜토리얼 화면 확인하기(출처: 게더타운)

[자료 3-22]처럼 개설된 방에 입장된 것을 확인할 수 있다. 이 상태에서 수정하고 다양한 활동을 할 수 있다.

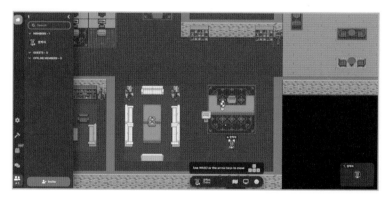

[자료 3-22] 개설된 방에 입장한 화면(출처: 게더타운)

[자료 3-23] 게더타운 단축키 설명(출처: 게더타운)

1 이동하기

[자료 3-23]에서 보이는 것과 같이 키보드의 방향키 상, 하, 좌, 우를 누르면 캐릭터를 이동시킬 수 있다. 영문 자판의 A, S, D, W를 눌러도 같은 방법으로 이동된다. 빨리 이동하고 싶으면 위치를 지정하고, 마우스를 더블클릭하면 바로 이동이 가능하다.

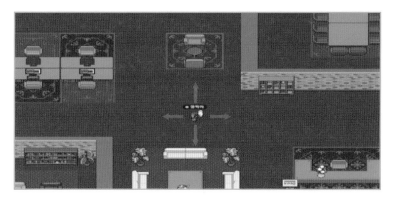

[자료 3-24] 개설한 방에서 이동하는 방법(출처: 게더타운)

게더타운은 공간이 넓고 방이 많을 경우에는 한 화면에 다 보이지 않는다. 그럴 경우, [자료 3-25]처럼 미니맵을 이용하면 구조를 볼 수 있고, 나의 위치를 쉽게 파악할 수 있다.

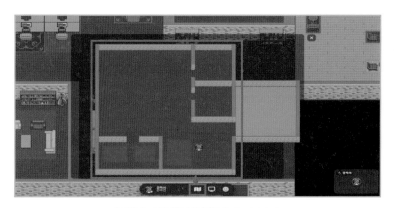

[자료 3-25] 미니맵 확인(출처: 게더타운)

게더타운은 참여자들이 다양한 활동을 할 수 있다는 장점이 있는데, [자료 3-26]의 왼쪽처럼 모니터 모양에 가까이 다가가면 'Press X in-teract(x키를 눌러서 활동을 해보세요)'라는 문구가 뜨고, 가까이 다가가 오른쪽처럼 누르면 메시지가 확인된다. 내가 만든 맵이 아닌 기본 템플릿에 들어가서 이런 메시지를 확인할 수 있다.

[자료 3-26] 좌 : 상호작용하기, 우 : 상호작용 확인하기(출처: 게더타운)

3 **화면 공유하기**

게더타운 역시 줌이나 다른 화상 플랫폼처럼 화면 공유가 가능하다. [자료 3-27]에서처럼 공유할 화면이나 파일을 선택하고, 시스템 오디오 공유 체크 후에 공유 버튼을 클릭한다. ppt 등의 파일을 공유할 경우, 화면에 파일이 열려 있어야 하고, '창'에서 선택해야 볼 수 있다. 다른 사이트를 공유하고 싶다면 'Chrome' 탭을 선택하면 확인할 수 있다.

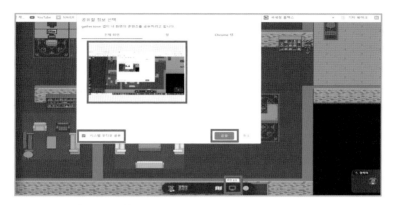

[자료 3-27] 화면 공유 – 공유할 정보 선택(출처: 게더타운)

　게더타운에서도 이모티콘을 활용할 수가 있다. [자료 3-28]처럼 1번 손뼉 치기, 2번 하트, 3번 폭죽, 4번 엄지 척, 5번 물음표, 6번 손 들기 등의 모양이 있어서 직접 눌러도 되고 번호를 눌러 사용하면 된다. 이모티콘을 사용하면 자신의 캐릭터 위에 나타난다. 1~5번은 3초 후에 사라지지만, 6번은 한 번 더 눌러야 사라진다.

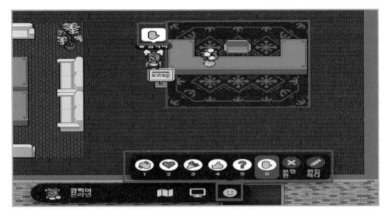

[자료 3-28] 이모티콘 활용(출처: 게더타운)

5 상대방 찾는 방법

게더타운에서는 상대방을 찾는 방법이 세 가지 있다.

첫 번째는 [자료 3-29]처럼 'Locate on map' 기능을 이용하는 것이다. 왼쪽처럼 찾을 대상을 마우스로 클릭하면 옆에 'Locate on map'이 나타나고, 이것을 클릭하면 상대방이 있는 위치까지 선이 생기면서 따라가면 쉽게 찾을 수가 있다. 해제할 경우는 'Stop locating'을 클릭하면 된다.

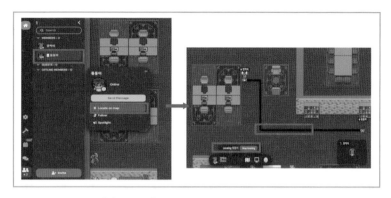

[자료 3-29] Locate on map(출처: 게더타운)

두 번째는 'Follow' 기능을 이용하는 것이다. 왼쪽 참가자 화면에서 찾을 대상을 마우스로 클릭한 후 'Follow'를 선택하면, 자동으로 상대방이 있는 곳까지 빠르게 이동한다. 해제할 경우에는 'Stop Following'을 클릭하면 된다.

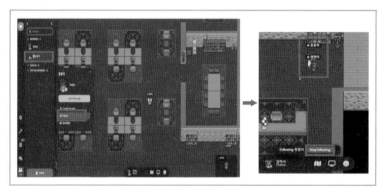

[자료 3-30] Follow 기능(출처: 게더타운)

세 번째는 'Move here' 기능을 활용하는 것인데, 이 기능은 화면에 상대방이 보일 때 사용할 수 있다. 상대방 캐릭터의 오른쪽 마우스를 클릭하고, 아래에 나타나는 'Move here'를 선택하면 'Follow' 기능처럼 자동으로 이동된다.

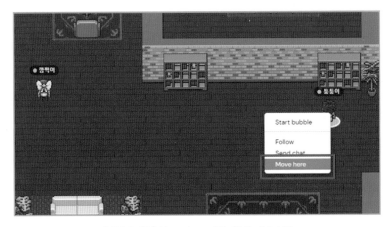

[자료 3-31] Move here 기능(출처: 게더타운)

게더타운에서 상대와 대화할 수 있는 방법 역시 세 가지가 있다.

첫 번째는 [자료 3-32]처럼 가까이 다가가서 우리가 평소에 이야기하는 것처럼 이야기하는 것이다. 멀리 떨어지면 상대방이 흐릿하게 보이고 대화를 할 수 없게 된다.

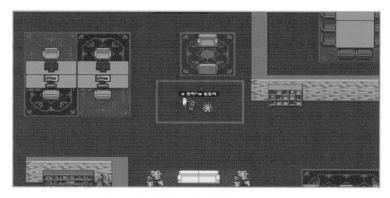

[자료 3-32] 가까이 가서 대화하기(출처: 게더타운)

두 번째는 버블 기능을 이용하는 것이다. [자료 3-33] 왼쪽처럼 상대
방 캐릭터에서 오른쪽 마우스를 클릭하고 'Start bubble'을 선택한 후,
상대방에게 가까이 다가가야 한다. 버블 기능을 이용하면 오른쪽 그림
처럼 바닥에 색깔이 생긴 것을 확인할 수 있다. 해제하려면 아래 'Leave
Bubble'을 클릭하거나 다른 곳으로 이동하면 해제된다. 버블 기능은 일
곱 명까지 연결할 수 있다.

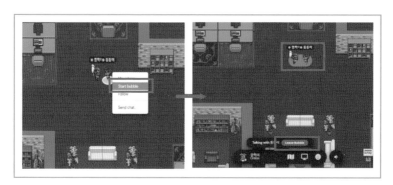

[자료 3-33] Start bubble(출처: 게더타운)

세 번째 방법은 개인 공간을 이용하는 방법이다. [자료 3-34]의 개인 공간은 주변에서 전혀 소리가 들리지 않는다. 비대면 상담이나 개인 상담 시 사용하거나 소그룹 활동에 이용하면 좋다. 개인 공간에 들어가면 공간은 환해진다.

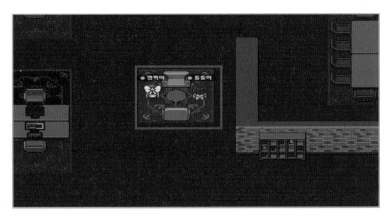

[자료 3-34] 개인 공간에서 대화(출처: 게더타운)

7 메시지 보내는 방법

게더타운에서 메시지를 보내는 방법 역시 세 가지가 있다.

첫 번째 방법은 채팅 창을 이용하는 것이다.

[자료 3-35]의 왼쪽에서 보면, 채팅을 보내기 전에 ② 옵션 확인을 해야 한다. 옵션 내용을 살펴보면 다음과 같다.

- Everyone(모두) - 채팅 창에 있는 모든 사용자에게 표시된다.
- Nearby(주변 사람) - 게더타운 화면에 내가 보이는 사용자들에게 표시된다.
- Indivduals(개인) - 내가 선택한 특정인에게만 표시된다. 줌에서 개인을 클릭하고 채팅하는 것과 같은 것이다.

옵션을 선택하면 ③ 메시지를 입력하고 엔터키를 누르면, 채팅 전송이 완료되고 오른쪽처럼 내용 확인이 가능하다.

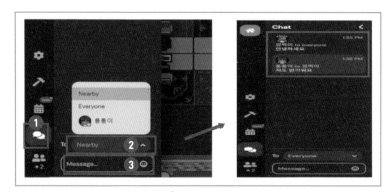

[자료 3-35] 좌 : 채팅창 이용, 우 : 채팅 내용 확인하기(출처: 게더타운)

두 번째 방법은 참가자 창을 이용해서 메시지를 보내는 것이다. 이렇게 보내면 개별적으로 메시지를 보낼 수 있다. 참가자 창에서 메시지를 보낼 사람을 마우스로 클릭하면, [자료 3-36]의 왼쪽처럼 나타나고 오른쪽처럼 나오면 메시지를 입력 후 엔터키를 누르면 전송된다.

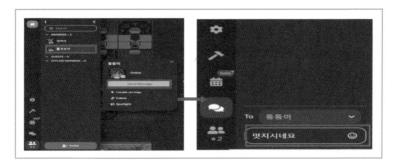

[자료 3-36] 좌 – 참가자창 이용, 우 – 채팅 보내기(출처: 게더타운)

세 번째 방법은 [자료 3-37]처럼 상대방 캐릭터를 선택해서 메시지를 보내는 방법인데, 마우스 오른쪽을 클릭해 'Send chat'를 선택하면 자동 채팅 창으로 이동한다. 앞의 두 가지 방법과 마찬가지로 메시지를 입력하고 엔터키를 누르면 메시지 전송이 완료된다.

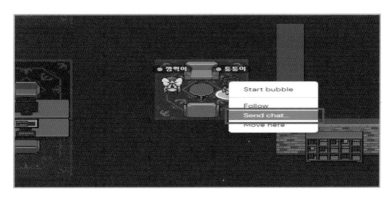

[자료 3-37] 메시지를 전송할 상대방 캐릭터 선택 전송(출처: 게더타운)

게더타운도 줌처럼 상대방을 초대할 수 있다. [자료 3-38]을 보면 ① 'Invite'를 클릭하면 가운데 창이 나고 멤버로 초대하려면 ②번에 이메일을 입력하고 전송을 누른다. 게스트로 초대하려면 오른쪽에 보이는 ③ 초대링크 만료 날짜 1시간, 6시간, 12시간, 1일, 7일, 한 달 중 하나를 선택하고, ④ 'Copy Link'를 클릭한 후, 링크 복사 후 카카오톡 등에서 단체 메시지로 붙여 넣기로 보내면 된다.

[자료 3-38] **상대방 초대하기**(출처: 게더타운)

9   초대받은 게더타운 공간에 입장하기

초대받는 사람이라면 회원 가입을 하지 않아도 게더타운에 입장할 수 있다. [자료 3-39]처럼 카카오톡에서 받은 링크를 크롬 주소창에 붙여 넣기를 하고 입장하면 된다.

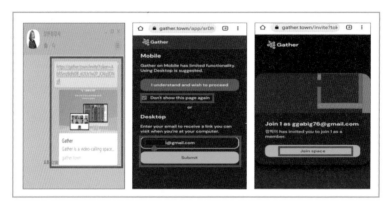

[자료 3-39] 좌 : 카카오톡에서 받은 링크 클릭, 가운데, 우 : 모바일로 게더타운 입장
(출처: 카카오톡, 게더타운)

[자료 3-40]의 왼쪽처럼 캐릭터를 설정하는 창이 뜨면 설정하고 'Next Step'을 클릭, 가운데처럼 이름을 입력하고 'Finish'를 클릭, 오른쪽처럼 마이크, 비디오 확인 후 'Join the Gathering'을 클릭하면 된다.

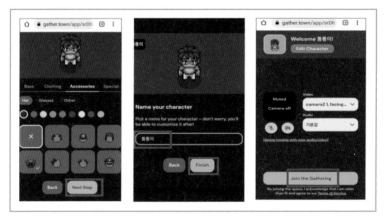

[자료 3-40] 좌 : 캐릭터 설정, 가운데 : 이름 입력, 우 : 'Join the Gathering' 클릭 입장
(출처: 게더타운)

처음 방을 만들 때 잘 만들어지지 않았거나 마음에 들지 않을 경우, 방 안에서 변경을 할 수가 있다. [자료 3-41]처럼 본인의 캐릭터를 클릭하고 바꾸고 싶은 부분을 변경한 후, 'Finish Editing'을 클릭하면 된다.

[자료 3-41] 캐릭터 변경하기(출처: 게더타운)

게더타운도 상태 메시지를 입력할 수 있는데, [자료 3-42]처럼 캐릭터 옆에 이름을 클릭하고 상태 메시지를 입력한 후, 엔터키를 누른다. 그러면 왼쪽처럼 참가자 창에 상태 메시지가 뜨는 것을 확인할 수 있다.

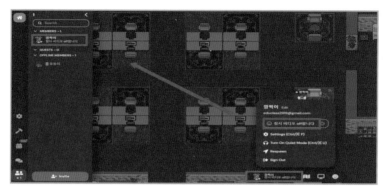

[자료 3-42] 상태 메시지 입력하기(출처: 게더타운)

이름도 역시 바로 바꿀 수 있다. [자료 3-43]처럼 이름 옆에 'Edit'를 누르면 창이 나타나고, 그곳에 변경할 이름을 입력한 후, 'Finish'를 누르면 된다.

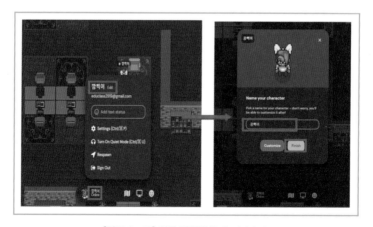

[자료 3-43] 이름 바꾸기(출처: 게더타운)

1 오브젝트 설치

오브젝트는 게더타운 맵에 내가 꾸미고 싶은 나만의 개성 있는 방을 꾸밀 수 있는 기능이다. [자료 3-44]의 왼쪽처럼 망치 모양을 누르면, Build 창이 열린다. 'Open objext picker'를 클릭하면 오브젝트를 사용할 수 있고, [자료 3-44]의 오른쪽처럼 모든 오브젝트를 확인할 수 있다.

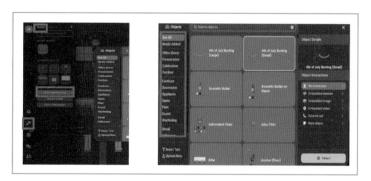

[자료 3-44] 좌 : 오브젝트 설치, 우 : 모든 오브젝트 확인하기(출처: 게더타운)

오브젝트의 검색은 [자료 3-45]처럼 영문으로만 검색해서 찾아 설치할 수 있다.

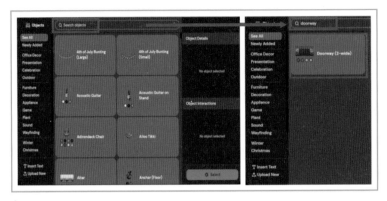

[자료 3-45] 좌 : 오브젝트 검색, 우 : 검색은 영문만 가능(출처: 게더타운)

오브젝트에 비디오를 설치하면 [자료 3-46]처럼 선택된 비디오의 오브젝트에 초록색 테두리가 나타나고, 상호작용이 가능한 기능에 파란색이 확인된다. 여기는 유튜브나 HTTPS 링크 삽입을 할 수가 있다. TV나 다른 상호작용을 하는 것도 마찬가지로 이런 식으로 링크를 연결하면 된다.

[자료 3-46] 비디오 설치 시 오브젝트 정보(출처: 게더타운)

영상은 유튜브의 링크처럼 URL을 이용해야 하는데, [자료 3-47]의 왼쪽처럼 주소를 입력하고 'Select'를 클릭하면, 오른쪽처럼 동영상을 실행할 수 있도록 가까이 가면 노란 테두리가 생긴다. 'Press X to interact'를 누르라는 팝업이 뜨면 'X'를 누르면 된다.

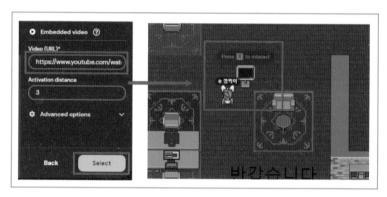

[자료 3-47] 좌 : 동영상 URL 입력, 우 : 동영상 실행(출처: 게더타운)

[자료 3-48]처럼 가운데 플레이 버튼을 누르면 동영상이 재생된다.

[자료 3-48] 동영상 재생 확인(출처: 유튜브)

화이트보드 기능도 마찬가지인데, [자료 3-49]처럼 개별의 템플릿을 제공하고 많이 사용한다. 화이트보드가 설치되어 있는 곳으로 캐릭터가 이동하면, 화이트보드의 테두리가 노란색으로 변하는 것을 알 수 있다. 화이트보드를 이용하려면 'Press X to use shared whiteboard'라는 팝업이 나타나고, 'X'를 누르면 사용할 수 있다.

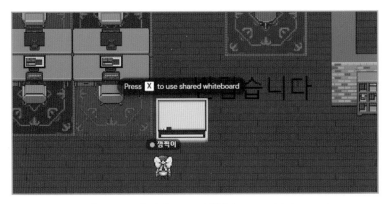

[자료 3-49] 화이트보드 사용하기(출처: 게더타운)

[자료 3-50]처럼 화이트보드는 다양하게 활용할 수 있다.

[자료 3-50] 화이트보드 활용한 모습(출처: 게더타운)

오브젝트를 삭제하려면 [자료 3-51]처럼 ① 먼저 망치 모양을 클릭하고, ② 위에 있는 'Erase'를 선택한 후, 삭제하고 싶은 사물에 마우스를 가져간다. 그러면 빨간 네모 모양이 나타나 마우스를 클릭하면 삭제할 수 있다.

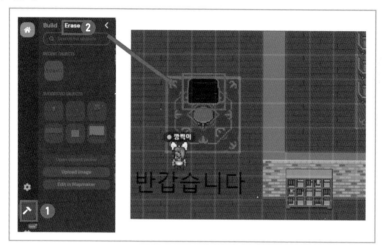

[자료 3-51] 오브젝트 삭제하기(출처: 게더타운)

오브젝트를 설치할 때 텍스트도 추가할 수가 있는데 [자료 3-52]처럼 ① 'Insert Text'를 클릭, ② 추가할 글자 입력, ③ 글자 사이즈 지정, ④ 'Create and select'를 선택하면 된다.

[자료 3-52] 텍스트 추가하기(출처: 게더타운)

입력한 글자를 놓을 위치를 설정하고 마우스를 클릭하면 [자료 3-53]처럼 바닥에 글자가 추가된다.

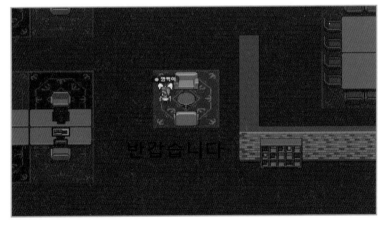

[자료 3-53] 바닥에 '반갑습니다' 텍스트가 추가된 모습(출처: 게더타운)

내가 가지고 있는 이미지를 삽입하려면 [자료 3-54]처럼 ① 망치를 누르고 ② 빌드에서 'Upload image'를 클릭한 후, ③ 화면을 클릭해서 이미지를 가져온다. ④ 그리고 오브젝트 이름을 입력하고, ⑤ 오른쪽 아래의 'Create and select' 버튼을 누르면 된다.

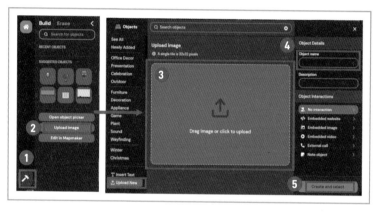

[자료 3-54] 이미지 업로드하기(출처: 게더타운)

[자료 3-55]를 보면, 이미지를 넣고 오브젝트 이름 설정 후에 화면에 이미지가 삽입된 모습을 확인할 수 있다. 타일 한 개의 크기를 확인하면 32×32(pixels)다.

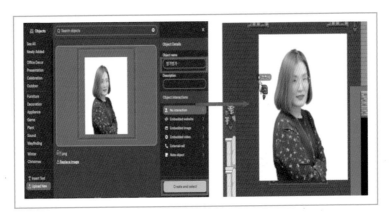

[자료 3-55] 좌 : 이미지 업로드, 우 : 이미지가 삽입된 모습(출처: 게더타운)

오브젝트 설치나 삭제를 충분히 연습했다면, 이제는 개성 있는 나의 맵을 수정하고 다시 만들 수 있는 맵 메이커를 활용해서 들어가보자.

[자료 3-56]처럼 망치를 누르고 'Build'를 누르고 'Edit in Mapmaker'를 선택한다.

[자료 3-56] **맵 메이커 사용하기**(출처: 게더타운)

[자료 3-57]은 맵을 수정할 수 있는 맵 메이커의 화면이다.

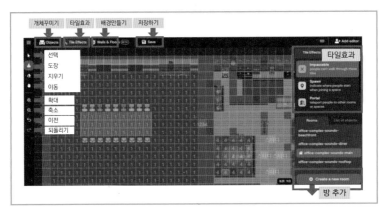

[자료 3-57] **맵 메이커의 화면**(출처: 게더타운)

| 윗쪽 공간 |

• 개체 꾸미기 : 맵에서 망치를 눌러 오브젝트를 넣었던 것과 같은 기능

• 타일 효과 : 타일 효과로 맵의 모든 공간에 대한 틀을 잡을 수 있는 효과

• 배경 만들기 : 맵 안에 설치되는 바닥과 벽을 선택할 수 있는 기능

| 왼쪽 공간 |

• 선택 : 삽입된 오브젝트를 선택해서 이동

• 도장 : 오브젝트나 타일, 벽 등을 삽입할 때 사용

• 지우기 : 도장과 반대로 오브젝트나 타일, 벽 등을 지울 때 사용

- 이동 : 맵 자체를 이동할 때 사용

- 확대 : 맵을 확대해서 보고 싶을 때 사용

- 축소 : 맵을 축소해서 보고 싶을 때 사용

- 이전 : 이전으로 돌아가는 기능

- 되돌리기 : 이전으로 돌아간 것을 취소

| 오른쪽 공간 |

- Impassable(임파서블) : 지나가지 못하도록 막는 기능

- Spawn(스폰) : 입장할 때 위치를 지정하는 기능

- Portal(포털) : 방과 방을 연결해주는 기능

2 맵 메이커 기능(Objects)

화면의 삼선을 누르면 네 개의 메뉴가 나타나는데 다음의 [자료 3-58]처럼 'Go to Space'를 선택하면 방에 들어가지 않고 입장하기 전 창으로 들어가게 된다.

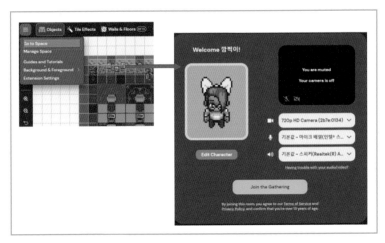

[자료 3-58] 'Go to Space' 선택 시 보이는 화면(출처: 게더타운)

[자료 3-59]처럼 'Manage Space'를 선택하면 대시보드 창이 뜬다.

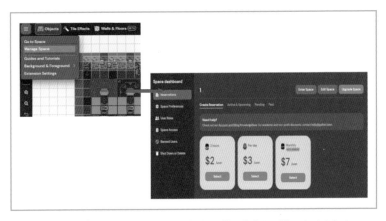

[자료 3-59] 'Manage Space' 선택 시 보이는 대시보드 창(출처: 게더타운)

'Background & Foreground'는 배경과 전경 선택 시 이미지를 다운 받거나 외부에서 가지고 가지고 오는 것이 다 가능하다. [자료 3-60]처럼 ① 'Upload Background'를 이용하면 ② 어떤 방식으로 만들 것인지 안내창이 뜨는데 직접 만들지 않고 업로드한다고 선택하고, ③ pc에 저장된 배경 파일 하나를 선택하고 열기를 클릭하면 된다. 이때, 이미지 파일만 가능하다는 것을 기억해야 한다.

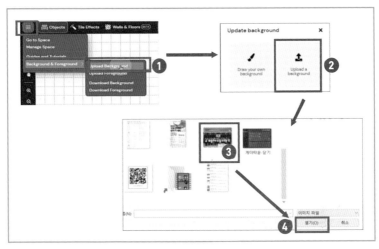

[자료 3-60] 'Background & Foreground' 배경과 전경(출처: 게더타운)

다음의 [자료 3-61]을 보면 왼쪽처럼 배경이 바뀐 것을 확인할 수 있는데 바뀐 배경이 마음에 들지 않는다면, 'ctrl+z'를 누르면 오른쪽처럼 배경을 입히기 이전의 화면으로 돌아간다.

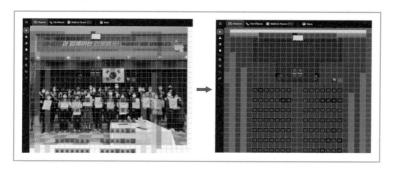

[자료 3-61] 좌 : 배경이 바뀜, 우 : ctrl+z를 누르면 이전 배경으로 변경(출처: 게더타운)

'Download Background'는 배경을 업로드만 할 수 있는 것이 아닌 [자료 3-62]처럼 다운로드도 가능하다. 다운로드한 배경은 게더타운 스토리지에 저장되기 때문에 오른쪽 마우스를 클릭하고 이미지를 복사한 뒤, 그림판에서 다시 저장하면 사용할 수 있다.

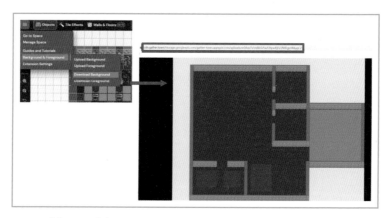

[자료 3-62] 'Download Background' 배경 다운로드(출처: 게더타운)

타일 효과는 맵 메이커에서 중요한 기능으로, 방을 만드는 데 필요한 조건들이 여기에 다 있다.

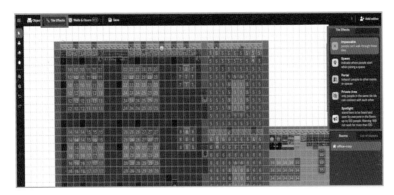

[자료 3-63] Background & Foreground(출처: 게더타운)

[자료 3-64]의 'Impassable(임파서블)' 기능은 지나가지 못하도록 막는 기능이다. 벽이나 책장 등 지나갈 수 없도록 설정하기 위해 해당 버튼을 클릭해서 지정하면 캐릭터가 지나갈 수 없다.

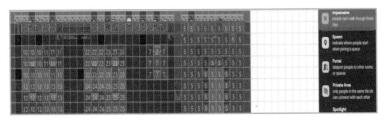

[자료 3-64] Impassable(출처: 게더타운)

[자료 3-65]의 Spawn 기능은 입장할 때 위치를 지정하는 기능으로, 캐릭터가 맵에 처음 입장했을 때 위치하는 지점이다.

[자료 3-65] Spawn 기능(출처: 게더타운)

[자료 3-66]의 Portal(포탈) 기능은 방과 방을 연결해주는 기능으로, 반드시 방을 별도로 추가 생성해야 한다. 다른 방으로 이동할 때 입구로 사용하고 싶은 지점에 'Portal'을 클릭하면, 파란색으로 표시된다.

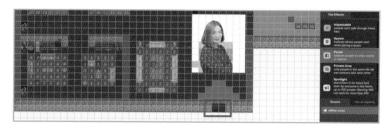

[자료 3-66] Portal(포탈) 기능(출처: 게더타운)

[자료 3-67]은 같은 방에서 이동하는 것을 나타낸 것이다. 앞쪽에서 뒤쪽으로 이동되는 것을 확인할 수 있다.

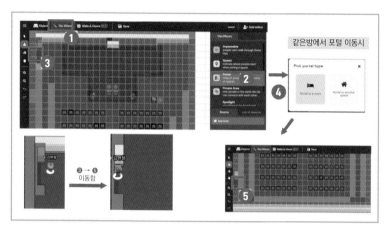

[자료 3-67] 같은 방에서 Portal 이동 시(출처: 게더타운)

같은 방이 아닌 다른 방을 연결할 때는 다음의 [자료 3-68]과 같이 'Create a new room'을 누르고 새로운 방을 생성한다. 빈 공간에 새롭게 맵을 구성해서 연결하려면 'Create a blank room'을, 기존에 만들어진 템플릿을 선택해서 연결하려면 'Choose from template'를 클릭하면 된다. 그리고 'Portal to a room'을 연결한다.

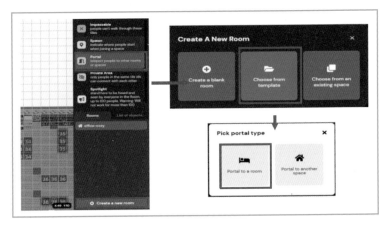

[자료 3-68] 다른 방에서 Portal 이동 시(출처: 게더타운)

연결할 방의 템플릿을 [자료 3-69]를 보고 선택해야 한다.

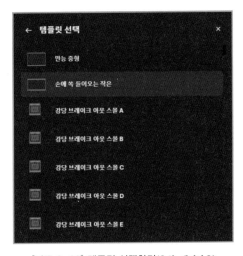

[자료 3-69] 템플릿 선택하기(출처: 게더타운)

[자료 3-70]처럼 방과 방의 포털을 연결할 때는 원래 방과 연결하고자 하는 방을 확인하고 설정해야 한다.

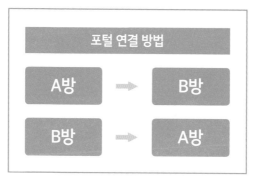

[자료 3-70] 포털 연결은 위치가 겹치지 않게 설정(출처: 저자 작성)

포털에서 [자료 3-71]처럼 a ⟹ b방, b ⟹ a방으로 이동 위치를 지정한다.

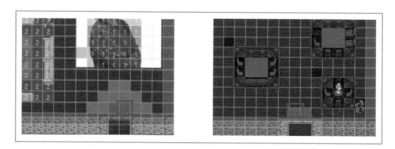

[자료 3-71] 좌 : a방의 이동 지점, 우 : b방의 이동 지점(출처: 게더타운)

[자료 3-72]를 보면, 포털 위치에서 포털이 연결되어서 이동되는 것을 확인할 수 있다.

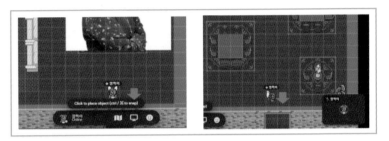

[자료 3-72] 포털 연결이 확인됨(출처: 게더타운)

[자료 3-73] Private Area(프라이빗 공간), 즉 개인 공간은 줌으로 설명하자면 소회의실에 해당한다. 각 방에 모인 사람들끼리만 서로 소리를 들을 수 있기 때문에 개인 공간의 기능이 가능하다.

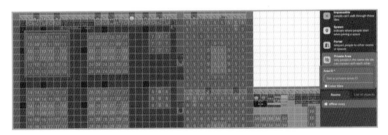

[자료 3-73] Private Area 기능(출처: 게더타운)

[자료 3-74]의 Spotlight(스포트라이트)는 모든 사람에게 소리를 전달할 수 있는 기능으로, 게더타운은 줌과 달라서 캐릭터와 가까이 있지 않고 멀어지면 소리가 들리지 않는다. 그래서 멀리 있는 사람에게까지 소리를 듣게 하기 위해서는 'Spotlight' 존을 만들어야 한다. 이 존을 만들면

주황색으로 표시된다.

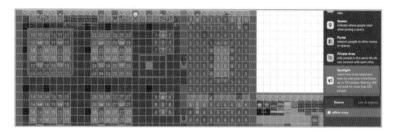

[자료 3-74] Spotlight 기능(출처: 게더타운)

4 벽과 바닥 설치하기

맵 안에서는 벽과 바닥을 설치할 수도 있고, 지울 수도 있다. 메인화면 상단에서 'Walls & Floors'를 선택하면 된다.

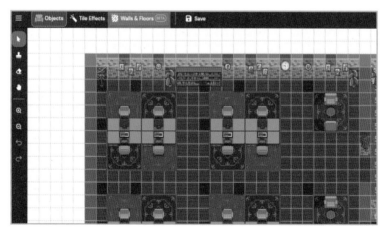

[자료 3-75] 벽과 바닥이 설치된 모습(출처: 게더타운)

벽을 설치할 때는 먼저 [자료 3-76]처럼 'Walls'를 선택하고, 설치하고 싶은 벽의 모양을 선택해서 그림처럼 마우스로 드래그하면 된다. 만들고 난 벽을 지우고 싶으면 왼쪽에 지우개 버튼을 누르고 벽을 만들 때처럼 다시 드래그하면 벽은 삭제된다.

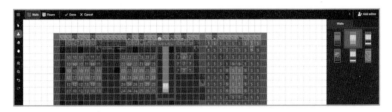

[자료 3-76] 벽 설치하기(출처: 게더타운)

바닥을 선택하려면 [자료 3-77]처럼 먼저 상단에 'Floors'를 클릭하고 오른쪽에서 설치하고 싶은 바닥 타일을 고른 후, 마우스로 영역 드래그 지정을 하면, 그 공간은 전부 바닥 타일이 깔리게 된다. 삭제 역시 지우기 모양을 누르고 드래그하면 지워지고, 완료했다면 위쪽에 있는 'Done'을 클릭해서 마친다.

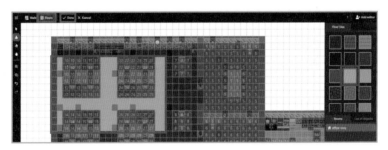

[자료 3-77] 바닥 설치하기(출처: 게더타운)

[자료 3-78]처럼 수정했으면 'Save'를 누르고, 저장 후 위쪽 삼선을 클릭해서 'Go to space'를 누르고 돌아간다.

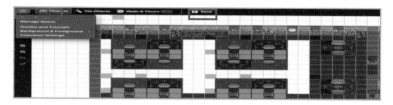

[자료 3-78] 게더타운으로 다시 돌아가기(출처: 게더타운)

일반적인 게더타운은 2D 시스템이라 게임 같은 느낌이지만, 아이코그램스(icograms)를 활용해서 앞부분을 포털로 연결해서 꾸며볼 수 있다. [자료 3-79]는 울산시청의 외관을 꾸며본 모습이다. 간단하게 움직일 수 있는 설명을 추가했다.

[자료 3-79] 아이코그램스로 만들어 게더타운으로 연결한 맵(울산시청 외관)
(출처: 한국디지털진흥원 김진랑 이사 게더타운맵)

[자료 3-80]은 울산시청에 들어서면 나타나는 민원실을 구현해본 모습인데, 쉽게 확인할 수 있도록 바닥에 상호작용할 수 있는 안내표지판을 만들어서 넣었다.

[자료 3-80] 울산시청 안내실(출처: 한국디지털진흥원 김진랑 이사 게더타운맵)

[자료 3-81]은 안내실을 지나 내부를 만들었는데 포털로 연결하면 옆으로 이동도 가능하게 할 수 있도록 1층, 2층, 3층…, 이런 식으로 구현할 수 있다.

[자료 3-81] 울산시청 내부(출처: 한국디지털진흥원 김진랑 이사 게더타운맵)

[자료 3-82]는 경찰수사연수원의 외관을 사진을 넣어서 만들었다.

[자료 3-82] **사진을 추가해서 만든 외부 모습**(출처: 한국디지털진흥원 김진랑 이사 게더타운맵)

[자료 3-83]처럼 실내공간에서 진행되는 취업박람회의 공간도 이렇게 꾸며볼 수 있다.

[자료 3-83] **취업박람회의 내부 구현**(출처: 한국디지털진흥원 김진랑 이사 게더타운맵)

[자료 3-84]는 울산강남교육지원청을 아이코그램을 활용해서 게더타운과 함께 연결한 모습이다.

[자료 3-84] 울산강남교육지원청 외부 구현(출처: 한국디지털진흥원 김진랑 이사 게더타운맵)

[자료 3-85]는 내부도 멋지게 만들어서 재택근무도 가능한 메타버스 사무실을 구현해봤다.

[자료 3-85] 울산강남교육지원청 내부 구현(출처: 한국디지털진흥원 김진랑 이사 게더타운맵)

오브젝트 임베드 상호작용 도구 소개

1. 방명록으로 많이 사용하는 도구

패들렛 : https://ko.padlet.com/

2. 협업 도구를 활용한 비대면 온라인 강의 및 회의장 활용 도구

구글 잼보드 : https://jamboard.google.com/

롤링페이퍼 : https://rollingpaper.site/

3. 현수막 제작, 다양한 디자인 도움 사이트

미리캔버스 : https://www.miricanvas.com/

캔바 : https://www.canva.com/ko_kr/

CHAPTER 04

아이코그램스
(icograms)

01 아이코그램스 실행
02 아이코그램스 메뉴 이해하기

메타버스 시대에 게더타운은 교육 및 행사 등에 활용되고 있다. 아이코그램스는 게더타운 2.5D 맵 제작을 할 수 있는 온라인 프로그램이다. 회원 가입 없이도 사용할 수 있다. 무료 회원 가입 후 사용하면 내 템플릿을 저장할 수 있고, 필요시 수정할 수 있다. 아이코그램스는 픽셀 기반 맵 구축 프로그램이다.

아이코그램스를 실행하기 위해 구글 주소창에 아이코그램스(http://
icograms.com)를 입력한다.

[자료 4-1] 아이코그램스 첫 화면(출처: 아이코그램스)

[자료 4-1]은 아이코그램스의 첫 화면이다.

[자료 4-1]에서 ② DESIGNER를 클릭하면 [자료 4-2]처럼 편집할
수 있는 화면이 열린다.

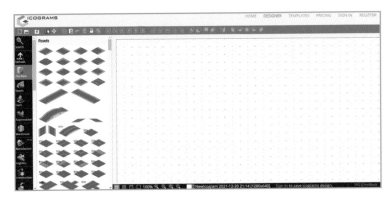

[자료 4-2] DESIGNER 편집 화면(출처: 아이코그램스)

[자료 4-3] TEMPLATES(출처: 아이코그램스)

[자료 4-1]의 화면에서 ③ TEMPLATES를 클릭하면 [자료 4-3]처럼 515개 이상의 다양한 템플릿을 검색해서 편집할 수 있다.

[자료 4-4] 아이코그램스 라이선스 정책과 이용요금(한글 ver)(출처: 아이코그램스)

[자료 4-1]의 화면에서 ④ PRICING을 클릭하면 [자료 4-4]처럼 아이코그램스 라이선스 정책과 이용요금을 알 수 있다.

아이코그램스의 가격 정책은 크게 무료와 유료로 나뉜다. 무료와 유료의 차이점은 SVG 파일(일러스트 등에서 2차 디자인 작업이 가능한 벡터 파일) 내보내기 가능 여부, 워터마크 없이 내보내기 여부(저작권 표기 필수)와 아이코그램스 디자인 상업적 사용 여부다.

무료 계정은 편집 다운로드 시 하단에 아이코그램스 워터마크가 생성된다. 워터마크를 제거하고 배포할 경우, 저작권 위반이 된다. 디자인 제작 사용 시 워터마크는 제거할 수 없다. 제작한 디자인은 판매, 임대, 양도가 불가능하다.

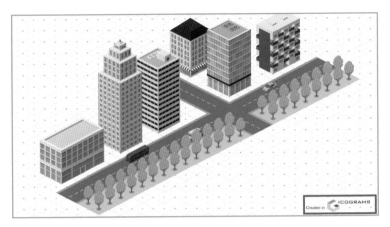

[자료 4-5] 아이코그램스 워터마크(출처: 아이코그램스)

[자료 4-5]의 오른쪽 하단에 있는 것이 아이코그램스 워터마크다.

아이코그램스 기본(무료) 사용권 계약

콘텐츠를 다운로드하기 전에 이 Icograms 기본 사용권 계약을 주의 깊게 읽으십시오. 당사 서비스에서 스톡 아이콘, Icograms 템플릿 또는 Exporting Icograms 디자인(즉, The Media)을 다운로드하면 다음 조건에 동의하는 것입니다. 모든 스톡 아이콘 및 Icograms 템플릿은 Icograms의 자산입니다.

미디어는 소셜 게시물, 웹 디자인, 웹 응용 프로그램, 소프트웨어 응용 프로그램, 모바일 응용 프로그램, 문서화, 프레젠테이션, 컴퓨터 게임, GUI 디자인, 광고, 일러스트레이션, 비디오를 포함한 개인 또는 비상업적 프로젝트의 수에 관계없이 귀하가 사용할 수 있습니다. , 추가 라이선스 비용을 지불하지 않고도 학교 및 대학 프로젝트를 수행할 수 있습니다. icograms.com에 크레딧이 있는 백링크를 넣어야 합니다. 이미지의 일부 또는 설명의 일부일 수 있습니다. 라이선스는 다음 사용을 허용하지 않습니다. 미디어는 상업적 프로젝트에 사용할 수 없습니다. 미디어는 판매, 재라이선스, 임대 또는 양도할 수 없습니다. 미디어는 모양이나 색상을 수정할 수 없습니다. Icograms 저작권, 로고 및 크레딧이 있는 경우 제거할 수 없습니다.

미디어는 포르노, 비방, 외설 또는 명예 훼손 자료를 만드는 데 사용할 수 없습니다.

최종 업데이트: 2019년 12월 23일(출처: 아이코그램스 홈페이지)

아이코그램스로 제작한 디자인으로 게더타운의 맵을 제작해서 상업적 활동을 한다면, 반드시 유료 계정으로 디자인해서 사용해야 한다.

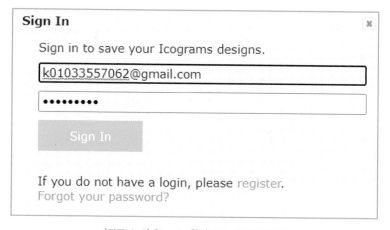

[자료 4-6] Sign In 화면(출처: 아이코그램스)

[자료 4-6]은 로그인 화면이다. 이메일과 비밀번호로 넣고 로그인한다.

[자료 4-7] REGISTER 회원 가입(한글 ver)(출처: 아이코그램스)

[자료 4-7]은 회원 가입 메뉴다. 이름, 이메일, 비밀번호를 넣는다.

[자료 4-8] 아이코그램스 홈페이지 내 특징(한글 ver)(출처: 아이코그램스)

[자료 4-8]은 홈페이지에 아이코그램스 프로그램의 특징을 안내해놓은 것이다.

[자료 4-9] 한국어(으)로 번역하기(출처: 아이코그램스)

[자료 4-9]는 영어로 된 아이코그램스를 더 쉽게 사용하는 방법이다. 아이코그램스 화면에서 마우스 오른쪽를 눌러서 나오는 팝업 창에서 '한국어(으)로 번역'을 클릭한다.

1 템플릿 검색하기

아이코그램스는 두 가지 방법으로 디자인을 할 수 있다.

첫 번째 방법은 [자료 4-3]의 TEMPLATES 515개 이상의 다양한 템플릿을 검색해서 선택한 후, 수정·편집해서 PNG로 저장하고 게더타운 맵으로 업로드해서 사용하는 방법이다.

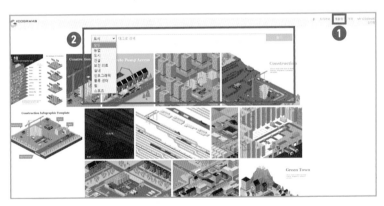

[자료 4-10] 템플릿 검색하기(한글 ver)(출처: 아이코그램스)

[자료 4-10] 아이코그램스 자체 템플릿을 검색하기 위해서는 [자료 4-7]을 참고해서 회원 가입을 하고, [자료 4-10]의 ① 템플릿을 클릭한

다. ② 검색창에서 본인이 찾고자 하는 디자인을 검색해서 선택한다.

[자료 4-11] 템플릿에서 선택한 디자인 편집 화면(출처: 아이코그램스)

[자료 4-11]은 템플릿을 검색해서 디자인을 선택, 클릭하면 편집 화면에 자동으로 선택한 디자인의 편집창이 나오는 것을 확인할 수 있다.

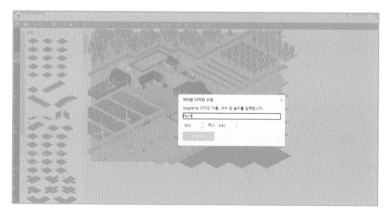

[자료 4-12] 디자인 제목 사이즈 변경하기(출처: 아이코그램스)

아이코그램스는 디자인 제목과 사이즈 조정 메뉴가 두 군데에 있다. 첫 번째는 앞의 [자료 4-11] 하단의 디자인 이름, 사이즈를 클릭하면 [자료 4-12]처럼 팝업 창이 뜬다. 여기서 디자인 이름과 원하는 사이즈를 조정할 수 있다.

2 상단 메뉴 이해하기

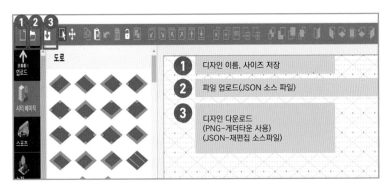

[자료 4-13] 메뉴 이해하기 1(출처: 아이코그램스)

두 번째는 [자료 4-13]의 1번을 클릭해서 디자인 이름과 사이즈를 편집 저장할 수 있다.

디자인 사이즈를 변경할 때 주의할 점은 게더타운의 블록과 아이코 그램스의 블럭 사이즈가 다르다는 점이다. 게더타운의 한 블록은 32×32(pixels)이고, 아이코그램스의 한 블럭은 64×32(pixels)이다. 사이즈를 원하는 블록으로 계산해서 저장해야 한다.

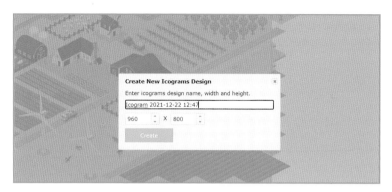

[자료 4-14] **디자인 이름 및 사이즈 수정 저장**(출처: 아이코그램스)

　[자료 4-14]는 [자료 4-13]의 ①을 클릭하면 나오는 팝업 창이다. 이름과 사이즈를 수정한다.

　아이코그램스는 PNG, JSON파일의 두 가지로 다운받아 편집해서 사용할 수 있다. 무료 계정은 PNG, JPG, JSON 형식으로 다운로드가 가능하다. 유료 계정으로 업그레이드하면 SVG 파일로 다운로드해서 일러스트 등에서 2차 디자인 작업이 가능하다.

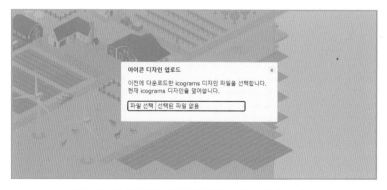

[자료 4-15] **파일(JSON) 업로드(한글 ver)**(출처: 아이코그램스)

[자료 4-16] 내 컴퓨터에서 JSON 파일 찾기(출처: 아이코그램스)

앞의 [자료 4-15]는 [자료 4-13]의 ②를 클릭하면 나오는 팝업 창이다. [자료 4-16]처럼 컴퓨터에서 JSON 파일을 업로드해서 디자인을 편집할 수 있다.

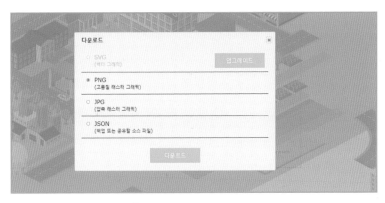

[자료 4-17] 디자인 다운로드하기(출처: 아이코그램스)

[자료 4-17]은 편집한 디자인을 PNG로 다운해서 게더타운이나 젭의 배경으로 사용한다. JSON은 아이코그램스에서 다시 편집할 수 있는 소스 파일이다. 디자인한 후 PNG와 JSON 두 가지 형태로 다운받는 것이 2차 편집을 위해 좋다.

[자료 4-18] 메뉴 이해하기 2(기본 메뉴)(출처: 아이코그램스)

[자료 4-18]의 ①은 오브젝트 선택 메뉴다. ②는 화면을 이동하는 메뉴다.

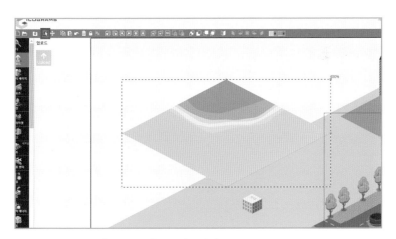

[자료 4-19] 오브젝트 선택(출처: 아이코그램스)

[자료 4-19]는 오브젝트 선택을 클릭해서, 마우스를 원하는 오브젝

트 위에 올려놓고 마우스 왼쪽을 누르면, 점선으로 활성화되어 이용, 삭제, 편집을 할 수 있다.

[자료 4-20] 화면 이동(출처: 아이코그램스)

[자료 4-20]은 왼쪽 상단의 십자가 모양을 누르면, 바탕화면에 십자가 모양의 아이콘이 나온다. 마우스로 상, 하, 좌, 우 자유롭게 디자인을 이동할 수 있다. 마우스 휠을 앞으로 밀면 화면이 확대되고, 마우스 휠을 뒤로 당기면 화면이 축소된다. 오브젝트들을 놓을 때 가장 많이 사용한다.

[자료 4-21] 메뉴 이해하기 3(오브젝트 기본)(출처: 아이코그램스)

[자료 4-21] ①은 선택한 항목 복사(Ctrl + c) 기능이다. ②는 복사한 항목 붙여넣기(Ctrl + v) 기능이다. ③은 이전 작업 취소(Ctrl + z) 기능이다. ④는 선택된 항목 삭제(Del) 기능이다. ⑤는 선택된 항목을 움직이지 않도록 잠그는 기능이다. ⑥은 선택된 항목들을 그룹화해주는 기능이다.

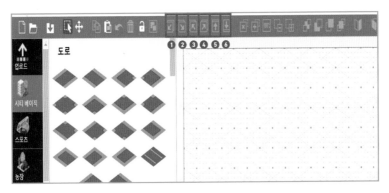

[자료 4-22] 메뉴 이해하기 4(오브젝트 복사)(출처: 아이코그램스)

[자료 4-22]에서 ①은 선택한 항목을 왼쪽 아래로 복제한다. ②는 선택한 항목을 오른쪽 아래로 복제한다. ③은 선택한 항목을 왼쪽 위로 복

제한다. ④는 선택한 항목을 오른쪽 위로 복제한다. ⑤는 선택한 항목을
위로 복제한다. ⑥은 선택한 항목을 아래로 복제한다.

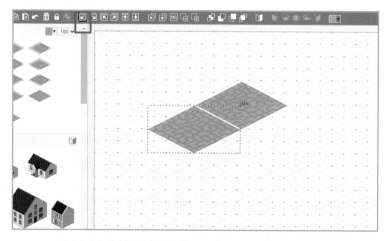

[자료 4-23] 선택한 항목을 왼쪽 아래로 복제(출처: 아이코그램스)

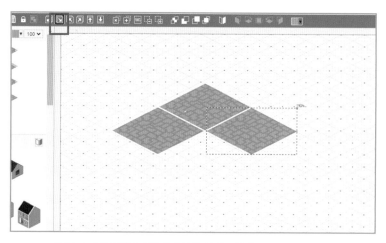

[자료 4-24] 선택한 항목을 오른쪽 아래로 복제(출처: 아이코그램스)

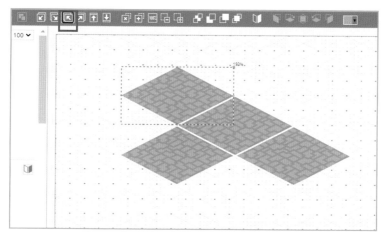

[자료 4-25] 선택한 항목을 왼쪽 위로 복제(출처: 아이코그램스)

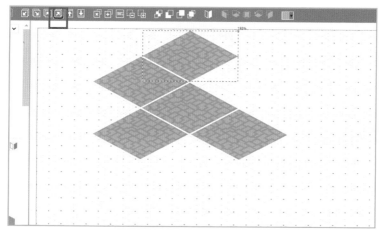

[자료 4-26] 선택한 항목을 오른쪽 위로 복제(출처: 아이코그램스)

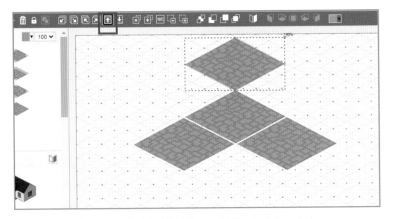

[자료 4-27] 선택한 항목을 위로 복제(출처: 아이코그램스)

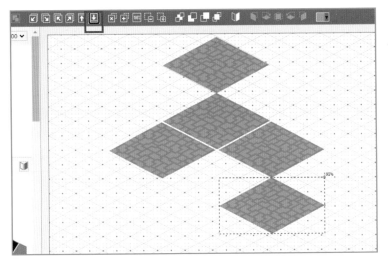

[자료 4-28] 선택한 항목을 아래로 복제(출처: 아이코그램스)

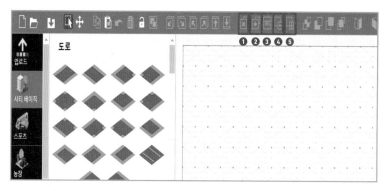

[자료 4-29] 메뉴 이해하기 5(오브젝트 축소 or 확대)(출처: 아이코그램스)

[자료 4-29]에서 ①은 선택한 항목을 현재 크기의 200%로 확대한다. ②는 선택한 항목을 한 단계 확장한다. ③은 선택한 항목을 원래 크기로 돌려준다. ④는 선택한 항목을 한 단계 축소한다. ⑤는 선택한 항목을 현재 크기의 50%로 축소한다.

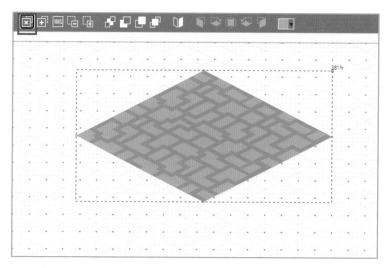

[자료 4-30] 선택된 항목을 현재 크기의 200%로 확대(출처: 아이코그램스)

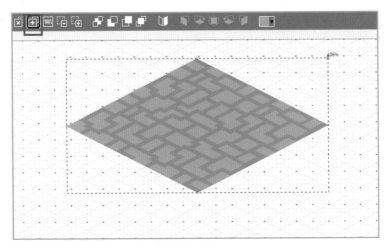

[자료 4-31] 선택한 항목을 한 단계 확장(출처: 아이코그램스)

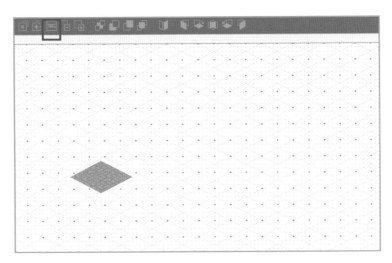

[자료 4-32] 선택한 항목을 원래 크기로 돌려줌(출처: 아이코그램스)

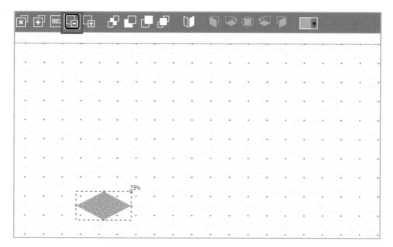

[자료 4-33] 선택한 항목을 한 단계 축소(출처: 아이코그램스)

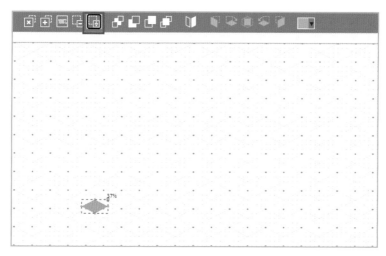

[자료 4-34] 선택한 항목을 현재 크기의 50%로 축소(출처: 아이코그램스)

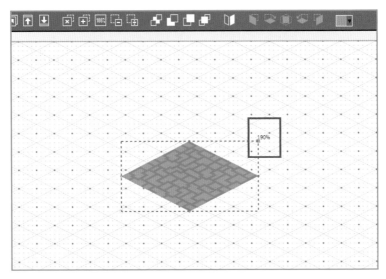

[자료 4-35] 마우스로 사이즈 변경하기(출처: 아이코그램스)

[자료 4-35]는 마우스로 오브젝트 사이즈를 변경할 수 있는 방법이다. 190%로 숫자가 있는 점에 마우스를 올려 사선이 활성화되면 마우스를 움직여서 사이즈를 변경할 수 있다.

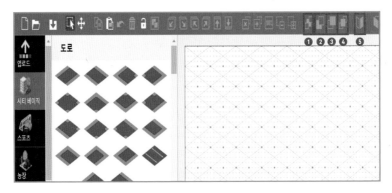

[자료 4-36] 메뉴 이해하기 6(레이어 배치)(출처: 아이코그램스)

[자료 4-36]은 오브젝트 레이어 배치를 위한 메뉴다. ①은 선택된 오브젝트를 맨 아래로 내린다. ②는 선택된 오브젝트를 아래로 내린다. ③은 선택된 오브젝트를 위로 올린다. ④는 선택된 오보젝트를 맨 위로 올린다. ⑤는 선택된 오브젝트를 좌우로 뒤집는다.

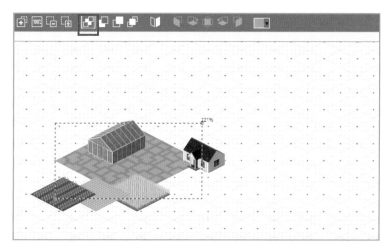

[자료 4-37] 선택된 오브젝트를 맨 아래로 내리기(출처: 아이코그램스)

[자료 4-37]은 바닥의 회색 도로를 선택해서 다른 오브젝트 중에서 맨 아래로 정렬시켜준다.

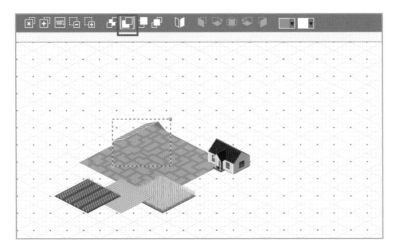

[자료 4-38] 선택된 오브젝트를 아래로 내리기(출처: 아이코그램스)

[자료 4-38]은 파란색 집을 선택해서 바닥 아래로 내린다.

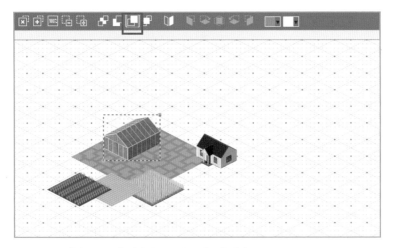

[자료 4-39] 선택된 오브젝트 위로 올리기(출처: 아이코그램스)

[자료 4-39]는 선택된 파란색 집을 가장 위로 올린다.

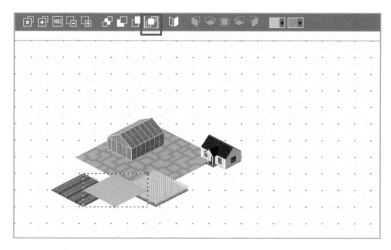

[자료 4-40] 선택된 오브젝트 맨 위로 올리기(출처: 아이코그램스)

[자료 4-40]은 녹색을 선택된 오브젝트 맨 위로 올린다.

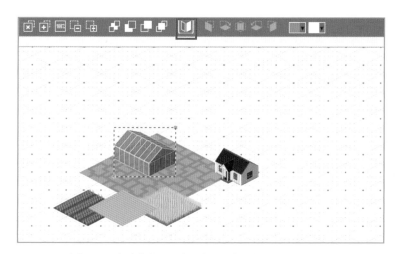

[자료 4-41] 선택된 오브젝트 좌우로 뒤집기(출처: 아이코그램스)

[자료 4-41] 오브젝트를 선택해서 오브젝트 방향을 좌우로 바꿀 수 있다.

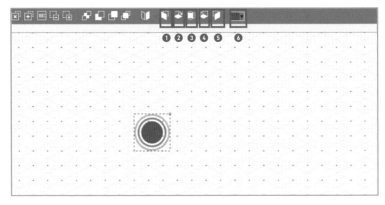

[자료 4-42] 메뉴 이해하기 7(회전하기)(출처: 아이코그램스)

[자료 4-42]는 텍스트나 평면인 오브젝트를 회전시키는 메뉴바다. ①은 선택된 오브젝트를 왼쪽으로 회전시켜준다. ②는 시계 방향으로 회전시켜준다. ③은 원래 모양으로 돌아온다. ④는 시계 반대 방향으로 회전시켜준다. ⑤는 오른쪽으로 회전시켜준다. ⑥은 선택된 오브젝트 색깔을 바꿀 수 있다.

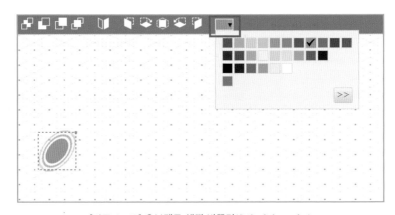

[자료 4-43] 오브젝트 색깔 바꾸기(출처: 아이코그램스)

[자료4-43]은 오브젝트를 선택해서 색깔을 바꿀 수 있다.

[자료 4-44] 오브젝트 검색하기(출처: 아이코그램스)

[자료 4-44]는 오브젝트를 검색해서 찾는 방법이다. 영어와 한글로 검색이 가능하다.

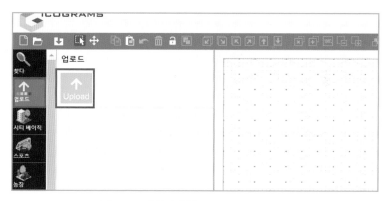

[자료 4-45] 이미지 업로드(출처: 아이코그램스)

[자료 4-45]는 아이코그램스에 로그인한 후 내 이미지를 업로드하는 방법이다. 620Kb 미만의 PNG, JPG, GIF 또는 SVG 형식의 이미지를 업로드할 수 있다.

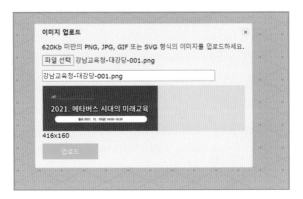

[자료 4-46] 이미지 업로드하기(출처: 아이코그램스)

앞의 [자료 4-45]를 클릭한 다음, 사이즈를 확인하고 [자료 4-46]처럼 이미지 업로드 클릭한다.

[자료 4-47] 이미지 업로드(출처: 아이코그램스)

[자료 4-46]에서 업로드한 이미지를 [자료 4-47]처럼 원하는 위치에 배치한다.

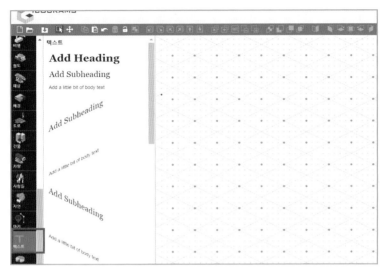

[자료 4-48] 테스트 편집하기(출처: 아이코그램스)

[자료 4-48]처럼 텍스트를 클릭하고, 입력하고 싶은 스타일의 텍스트를 클릭해서 텍스트를 입력하면 된다.

[자료 4-49] 텍스트 입력하기(출처: 아이코그램스)

[자료 4-49]는 입력할 모양의 텍스트를 선택한 후, 영문이나 한글을 입력할 수 있다.

[자료 4-50] 텍스트 크기 편집하기(출처: 아이코그램스)

텍스트가 활성화된 박스의 오른쪽의 조그마한 네모상자를 클릭해서 텍스트 사이즈를 조정할 수도 있다.

[자료 4-51] 텍스트 굵기 조절하기(출처: 아이코그램스)

[자료 4-51]은 텍스트 오브젝트의 굵기를 진하게 하는 것이다.

[자료 4-52] 텍스트 기울이기(출처: 아이코그램스)

[자료 4-52}는 텍스트 오브젝트의 기울기를 주는것이다.

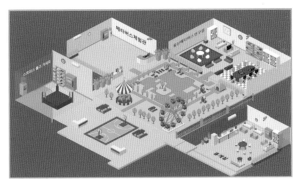

[자료 4-53] 아이코그램스의 모든 메뉴를 활용해서 제작한 맵(출처: 아이코그램스)

[자료 4-53]은 아이코그램스의 모든 메뉴를 활용해서 제작한 맵이다. 아이코그램스는 몇 가지의 메뉴 사용법만 익힌다면, 누구나 단시간에 원하는 맵을 쉽게 제작할 수 있다.

CHAPTER 05

젭(zep)

01 젭 이용 가이드
02 계정 만들기
03 스페이스 만들기
04 젭 이벤트 활용하는 방법
05 젭 업그레이드 버전

CREATOR

젭(zep)은 게더타운보다 서버의 안정성이 높아 대규모 행사 진행 및 교육에 적합하고, 참여자가 사용하기에 편리하게 되어 있다. 우리가 행사 및 교육을 하기 위해서는 먼저 상황과 개인에 맞게 공간을 구축해서 메타버스 안에 공간 맵 메이킹을 해야 한다. 런칭한 지 얼마 되지는 않았지만, 사용자 면에서 많이 사용할 수 있는 메타버스 플랫폼이다.

젭은 한국형 게더타운에 해당될 정도로 게더타운과 구성 부분이 매우 흡사하다. 어떤 특징이 있는지 다음의 [표 5-1]을 통해 알아보자.

구분	젭	게더타운
사용료	무료	유료
서버 안정성	게더타운보다 안정적이다. 국내 본사에서 서버의 도움을 받을 수 있다.	100명 이상 한 공간에 들어가면 유료 버전을 쓰더라도 불안정
외부링크 연결 정도	외부 링크 연결이 잘됨	부분 링크만 연결됨
게임	공간에서 참여자 전체 가능	주로 일부 참여자들만 가능
에셋 스토어	운영	미운영

[표 5-1] 게더타운과 젭 특징 비교

02 ▶ 계정 만들기

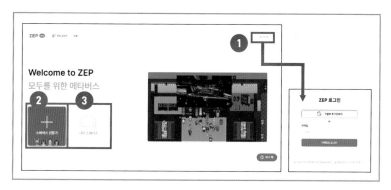

[자료 5-1] 젭 홈페이지 화면(출처: 젭)

    젭은 따로 가입하는 화면은 없다. ①을 누르고 가입을 하면 된다. 가입은 구글 가입과 이메일 가입으로 할 수 있는데, 구글 가입은 원터치로 가입이 끝나지만, 이메일 가입을 할 경우는 메일에서 인증 코드 번호 입력을 해야 하는 번거로움이 있어 구글 가입을 추천한다.

① 로그인
② 새로운 스페이스 만들기
③ 나의 스페이스(내가 만든 기존의 스페이스)

1 스페이스 선택하기

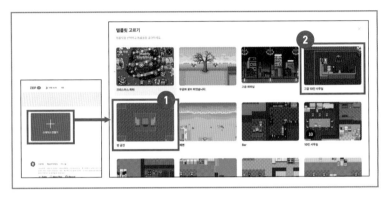

[자료 5-2] 젭 새 스페이스 만들기(출처: 젭)

① 미리 만들어진 스페이스 템플릿을 선택해서 빠르게 사용할 수 있다.

② 빈 공간은 맞춤형 스페이스 제작을 할 경우 용이하다.

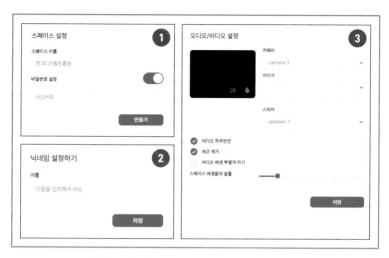

[자료 5-3] 젭 스페이스 입장 전 설정하기(출처: 젭)

[자료 5-1]의 ②를 만들고자 하면 [자료 5-2]와 [자료 5-3]의 과정들을 거쳐서 새 스페이스를 만들 수 있다.

① 새 스페이스 이름 및 비밀번호 설정하기(비밀번호는 필요시 그때마다 설정
  가능)

② 스페이스에서 활동할 캐릭터 닉네임 설정하기

③ 스페이스에서 사용할 마이크와 비디오 테스트 및 기본 설정을 한
  후 입장하기

p.203의 [자료 5-1]에서 ② 스페이스 만들기를 하고자 하면 [자료 5-2] 만들고자 하는 스페이스를 선택하고 [자료 5-3] 스페이스 입장 전 공간 조건을 설정하는 과정을 거쳐 새 스페이스를 만들 수 있다.

[자료 5-4] 템플릿에서 선택된 스페이스 공간(좌 : 빈 공간, 우: 템플릿 중) 화면(출처: 젭)

스페이스가 과정에 따라 설정한 후 입장된 모습이 [그림 5-4]와 같이 빈 공간과 템플릿을 선택해서 만들어진 모습이다.

스페이스 기본 메뉴 알아보기

[자료 5-5] 젭 템플릿 : 고급 10인 사무실 스페이스의 전체 화면 구성(출처: 젭)

① 스페이스 나가기 및 홈 화면으로 돌아가기(누구나 가능)

② 개인 패널 - 채팅, 카메라, 마이크 제어, 화면 공유, 참가자 확인 등
다양한 활용 기능(누구나 가능)

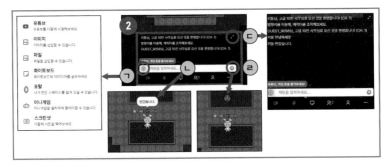

[자료 5-6] 개인 패널 화면 구성 1(출처: 젭)

㉠ 유튜브 및 다양한 디지털 도구들을 활용할 수 있다. 특히 미니 게임과 포탈 기능 및 NFT, 스크린샷 기능이 특화되어 있다.

㉡ 채팅창 - 채팅을 하면 캐릭터 위로 채팅 내용이 말풍선으로 같이 제시되어 바로 채팅 내용을 확인할 수 있다.

㉢ 채팅창 크기 변경 - 채팅 입력창 확대, 축소로 많은 내용을 확인하기 쉽다.

㉣ 리액션(감정 표현) - 캐릭터의 감정 및 상태 등 리액션할 수 있는 이모티콘이 다양하게 구성되어 캐릭터 위로 보여서 바로 리액션 확인이 가능하다.

③ 관리자 메뉴 - 스페이스 내 여러 설정(관리자만 가능)

④ 초대하기 - 초대 링크(누구나 가능) , 비밀번호 변경하기(관리자만 가능)

⑤ 본인 화면 창 - 본인 화면 창(누구나 가능)

⑥ 레이아웃 - 참가자 화면 창 레이아웃 선택 가능(누구나 가능)

[자료 5-7]의 개인 패널 화면 구성 2의 메뉴 설명은 다음과 같다.

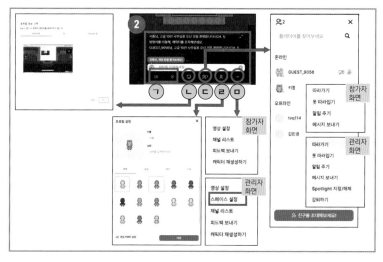

[자료 5-7] 개인 패널 화면 구성 2(출처: 젭)

㉠ 카메라, 마이크 제어 - 본인의 카메라와 마이크를 제어할 수 있다.

㉡ 화면 공유 - 스페이스에서 참가자들과 콘텐츠 화면 공유를 통한 활동이 가능하다.

㉢ 참가자 - 스페이스 참가자 명단 확인 / 따라가기, 옷 따라 입히기는 팀미션할 때 용이하며, 호스트는 스포트라이트 기능 및 강퇴하기 기능이 있다(화면에 상대 캐릭터를 마우스 좌클릭해도 바로 메뉴가 생성된다).

㉣ 프로필 설정 - 스페이스 참가자 본인의 프로필을 변경, 캐릭터 재설정이 가능하다. 반드시 완료 후 저장해야 한다.

ⓜ 더 보기 - [자료 5-8]과 같이 영상 설정으로 누구나 카메라와 마이크 점검 및 비디오, 오디오 설정을 할 수 있다.

[자료 5-8] 더 보기 중 영상 설정 화면 및 카메라와 오디오 문제 해결법(출처: 젭)

스페이스 설정은 다음의 [자료 5-9]와 같이 스페이스에 대한 설정을 바로 변경하는 곳으로, 이름, 공개 여부, 섬네일, 비밀번호, 플레이어 초대하기 등 스페이스에 관련된 모든 것을 설정 및 삭제할 수 있다.

[자료 5-9] 더 보기 – 스페이스 설정하기 화면(출처: 젭)

스페이스 설정 화면 중 스페이스를 완전히 삭제하고자 할 경우에는 [자료 5-9]의 하단에 있는 스페이스 삭제하기를 클릭하면, 완전히 삭제되어 복원할 수 없으므로 신중해야 한다.

• 업그레이드 버전의 화면 구성

[자료 5-10] 새롭게 업그레이드된 화면 구성(출처: 젭)

젭 스페이스 업그레이드 입장 화면이다.

관리자 메뉴

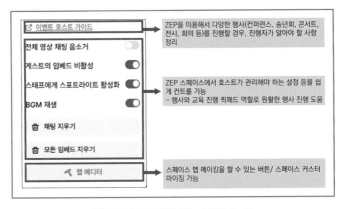

[자료 5-11] 관리자 메뉴 화면(출처: 젭)

업그레이드 화면 하단의 관리자 메뉴는 이 스페이스를 만든 에디터(호스트)만 보이는 메뉴로, 게스트는 보이지 않는다. 교육이나 행사 진행 시 게스트들의 환경을 상황에 따라 조절할 수 있다.

공간 비밀번호 , 이름 변경하기 및 초대하기

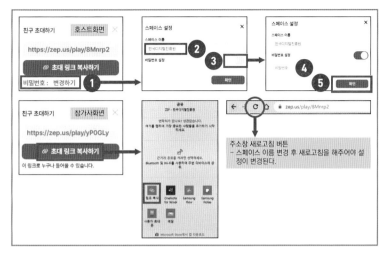

[자료 5-12] 초대하기 화면(출처: 젭)

[자료 5-12]는 호스트 화면 비밀번호와 스페이스 이름을 변경하는
방법이다.

① 비밀번호 변경하기 - 스페이스에 비밀번호를 설정하고자 할 때 사
용한다.

② 스페이스 이름 변경 - 스페이스를 제작 시 설정한 이름이 아닌 다
른 이름으로 바꾸고자 할 때 저장 후 새로고침을 해주어야 한다.

③ 비밀번호 설정을 활성화한다.

④ 비밀번호를 입력한다.

⑤ 확인을 누른다.

[자료 5-12]의 호스트, 참가자 화면 초대 링크 복사하기는 같은 방법
으로 링크 복사 후 공유하면 된다.

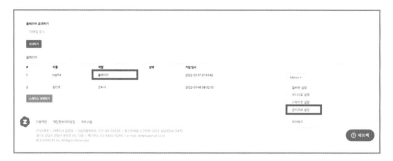

[자료 5-13] 관리자 설정 화면(출처: 젭)

[자료 5-12]처럼 초대하고, 설정으로 가서 [자료 5-13]처럼 플레이어를 관리자로 지정하면 젭의 공동관리자로 활동할 수 있다.

비디오 화면과 레이아웃

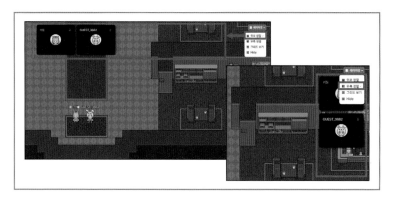

[자료 5-14] 레이아웃에 따른 참가자 비디오 화면 정렬(출처: 젭)

레이아웃은 참가자 개인이 본인 화면을 바꾸어 화면을 구성할 수 있다. 레이아웃의 종류에 따라 화면을 구성해서 참여하고 우측 정렬과 Hide는 행사 진행 시 활용하면 좋다. 젭 레이아웃은 게더타운이나 이와 비슷한 플랫폼 중 가장 잘되어 있어 상황에 따라 바꿀 수 있다.

4 맵 에디터(맵 커스터마이징)

맵 에디터는 맵 커스터마이징을 가능하게 해준다.

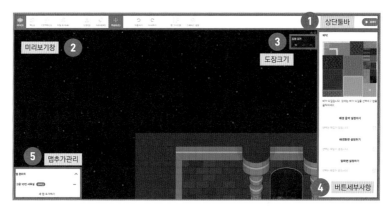

[자료 5-15] 맵 에디터 공간 구성(출처: 젭)

원하는 공간과 오브젝트 상호작용을 통해 기획한 행사를 가상공간에서 진행이 가능하도록 메타버스 공간을 구축하는 곳으로, 크게 다섯 개의 메뉴로 구성되어 있다.

바닥 - 1,   벽 - 2,   오브젝트 - 3,   타일 효과 - 4

도장 - Q,   지우개 - W,   화살표 - E,   되돌리기 - + Z

(단, 단축키가 잘 작동되지 않을 시는 한/영키를 누르세요)

맵 제작 시 알아두어야 할 사항

- 젭은 타일 형태로 구성되어 있으며 1타일의 사이즈는 32×32(pixels)이다.

- 맵 크기 넓이와 높이는 최대 512타일(32×512(pixels))이며, 그 이하를 권장한다.

- 배경화면을 업로드할 수 있는데 파일 형태는 JPG이며, 최대 용량은 10MB 이하를 권장한다.

  (주의 : 용량이 너무 크면 검정화면으로 보이니 모바일에서 확인하면서 테스트한다)

- 화면의 맵이 매우 클 경우에는 마우스 가운데 휠을 돌리면 화면이 확대, 축소되어 위치를 찾기 쉽게 커스터마이징할 수 있다.

맵 공동 관리자(역할 설정 및 초대하는 방법)

맵 에디터로 빌드할 경우, 여러 사람이 공동 작업이 가능하다. 스페이스에 대한 역할을 지정해서 맵을 제작하고 같이 운영하는 방법으로, 강의나 행사를 진행할 때, 그리고 맵 제작 시 꼭 필요한 기능이다. 멤버, 에디터, 스텝, 관리자의 총 네 가지 메뉴가 형성되어 있어 역할을 줄 수 있다.

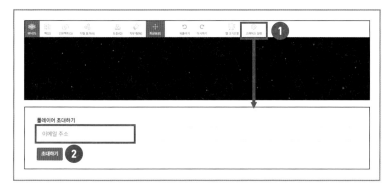

[자료 5-16] 맵 에디터 스페이스 설정 화면(출처: 젭)

[자료 5-16]을 통해 살펴보자.

① 맵 에디터 상단 툴바 중 스페이스 설정 선택

② 플레이어 초대하기 - 공동관리자의 이메일로 초대장 보내기

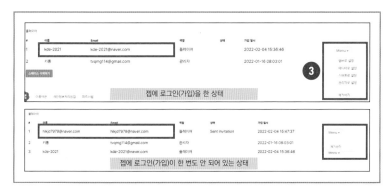

[자료 5-17] 스페이스 설정 중 플레이어 리스트 화면(출처: 젭)

초대장을 받은 사람은 젭에 로그인(가입)되어 있어야 하며, 이메일을 통해서 입장한다.

[자료 5-17]에서 ③ 스페이스 설정 - 플레이어 리스트 - 메뉴에 원하는 역할을 선택해서 설정한다. 스탭이나 관리자 등으로 역할을 설정해야 할 경우에는 반드시 먼저 로그인(가입)한 아이디로 스페이스를 들어온 이력이 있어야 메뉴가 형성된다.

각 역할 및 권한의 내용은 [표 5-2]와 같다.

기능	플레이어	멤버	에디터	스태프	관리자
채팅 커맨드	×	×	×	○	○
스페이스 설정	×	×	×	○	○
스페이스 삭제	×	×	○	×	○
맵 에디터 수정	×	×	○	○	○
신규플레이어 초대	○	○	○	○	○
플레이어 역할 부여	×	×	×	○	○

[표 5-2] 스페이스 역할 종류 및 권한 내용

커맨드(채팅창에 명령어를 입력해서 특정 기능을 실행하는 키워드)는 본인의 스페이스나 타인의 스태프로 초대받아 역할을 부여받을 경우, 사용이 가능하다.

커맨드	상세내용
!help	사용할 수 있는 모든 커맨드 목록 보기
!destroy	모든 플레이어를 내쫓고, 방을 파괴
!kick NAME	해당 플레이어를 방에서 내쫓음
!clear	모든 대화 내용을 삭제
!muteall	맵에 있는 모두의 영상을 모두 음소거
!unmuteall	맵에 있는 모두의 영상을 음소거 해제
!spotlight NAME	해당 유저에게 스포트라이트 권한을 토글(같은 플레이어를 대상으로 해당 커맨드를 두 번째 입력하면 스포트라이트 권한 토글 취소)
!oxmaster	OX 존에서 OX 퀴즈를 시작하면 OX 퀴즈를 세팅하는 화면을 보여줌

[표 5-3] 채팅 커맨드 종류 및 상세 내용

맵 상단바 메뉴 사용법 및 맵 만들기

맵을 만드는 순서는 바닥(단축번호 1) 만들기 → 벽(단축번호 2) 만들기 →
오브젝트 넣기 → 타일 효과 넣기 → 맵 크기 조정 및 스페이스 설정의
순서로 진행하면 된다.

(1) 바닥(단축번호 1) 만들기

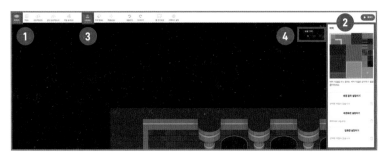

[자료 5-18] 바닥 상세 화면(출처: 젭)

[자료 5-18]에서 보듯이 바닥을 만들 때 순서는 다음과 같다.

① 상단의 바닥을 클릭

② 오른쪽 상세 내용 중 원하는 바닥 선택

③ 상단의 도장을 선택(붓과 같은 역할을 한다)

④ 넓은 곳을 빠르게 만들려면 4×를 선택해서 원하는 곳에 마우스로 드래그하면 도장이 찍힌다(단, 외부에서 이미지 삽입 시는 하단의 배경화면 설정하기로 삽입하면 전체 바닥에 이미지 업로드되어 ③, ④ 과정은 거치지 않는다).

도장이 잘못 찍힐 경우는 지우개▨를 선택해서 지우고, 공간을 이동할 때는 화살표▨를 선택해서 원하는 곳으로 이동해서 다시 도장▨을 선택해 바닥을 채우면 된다.

스페이스 전 공간에 음악을 넣고 싶을 때는 바닥에 배경음악을 설정하면 BGM이 깔리고, BGM은 mp.4 파일 형식으로 삽입된다.

(2) 벽(단축번호 2) 만들기

[자료 5-19] 벽타일 상세 화면(출처: 젭)

젭의 벽타일은 지나가지 못하는 임패스어블 효과가 기본으로 되어 있다. 미로 방을 만들 때 편리하다. 내가 원하는 타일의 방향을 선택 후 도장으로 그림을 그려나가면 된다.

바닥 만드는 순서대로 바닥 대신 벽을 상단에 선택해서 진행하면 된다.

(3) 오브젝트 넣기

[자료 5-20]에서 보듯이 오브젝트는 오브젝트와 상단 오브젝트로 나뉜다.

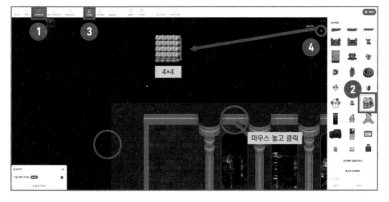

[자료 5-20] 오브젝트 상세 화면(출처: 젭)

도장을 4×를 선택하면 [자료 5-20]과 같이 4×4로 오브젝트가 한꺼번에 놓인다. 여러 명이 참여하는 행사를 진행 시 이 방법을 사용해서 오브젝트를 놓으면 좋다.

상단 오브젝트는 [자료 5-21]에서 보는 것과 같이 캐릭터가 오브젝트 아래로 들어갈 수 있어 지붕을 만들어 표현하고 싶을 때 사용하면 좋다.

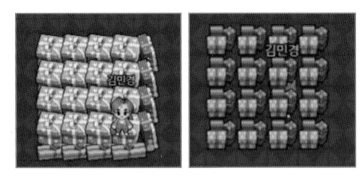

[자료 5-21] 오브젝트와 상단 오브젝트 시 캐릭터 모습(출처: 젭)

오브젝트에 외부링크를 삽입하는 방법은 [자료 5-21]의 오브젝트에 왼쪽 마우스를 클릭하면 [자료 5-22]의 오브젝트 설정 창이 뜬다.

[자료 5-22] 오브젝트 설정 창 화면(출처: 젭)

오브젝트 설정에서 유형을 클릭하면 다양한 오브젝트 유형을 설정해 캐릭터 액션 활동을 할 수 있게 할 수 있다. [표 5-4]에서 오브젝트 설정 유형 중 가장 자주 사용하는 것만 설명하려고 한다.

메시지 입력	오브젝트와 상호작용 시 나타나는 메시지를 입력할 때 사용
이미지 삽입	오브젝트와 상호작용 시 보여주는 이미지를 삽입할 때 사용
비밀번호 설정	오브젝트를 통과하기 위해 입력하는 비밀번호를 설정할 때 사용한다. 실행할 동작에서 '개인에게만 사라지기'를 선택한 후, 타일효과의 '포털'을 동시에 활용하면 비밀번호를 가진 문을 맵에 설치할 수 있다.
웹사이트 링크	다른 탭에서 열리는 웹사이트의 링크를 열 때 사용 - 본 사이트로 이동
웹사이트 임베드	오브젝트와 상호작용 시 웹사이트를 맵에서 보여줄 때 사용한다. 유튜브 영상의 경우, 반드시 퍼가기 형태의 링크를 삽입해야 한다.

[표 5-4] 오브젝트 설정 유형

오브젝트 설정 유형 중 두 가지만 선택해 비교해서 설명해보면 첫 번째 웹사이트 링크 사용 방법은 [자료 5-23]과 같다.

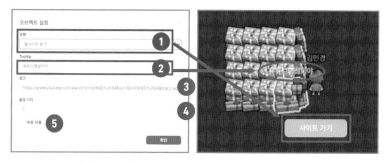

[자료 5-23] 오브젝트 설정 유형 웹사이트 링크(출처: 젭)

① 오브젝트 설정에서 오른쪽 아래 꺾쇠를 클릭, 유형에서 웹사이트 링크를 선택한다.

② Tooltip은 스페이스에서 설명한다. 어떤 오브젝트인지 알려주는 안내 글과 같은 역할을 한다.

③ 링크는 연결하고자 하는 홈페이지, 유튜브 등의 url을 복사해서 삽입한다.

④ 활성 거리는 캐릭터가 어느 정도 가까이 왔을 때 활성화시킬 것인지를 정하는 것이다. 주로 3 정도면 적당하다.

⑤ 바로 이동은 ①의 사이트 가기 버튼이 없이 바로 이동하게 하고 싶을 때 사용한다.

두 번째 웹사이트 임베드 사용 방법은 [자료 5-24]에서 보는 바와 같이 웹사이트 링크와 거의 흡사하다. 다른 점은 ① '작동하려면 F를 누르세요'와 ② Disable full screen 기능이다. 이것은 스페이스에서 참여자들에게 보이게 되는 화면의 크기를 너비와 높이로 자유롭게 설정해서 보여줄 수 있는 기능이다.

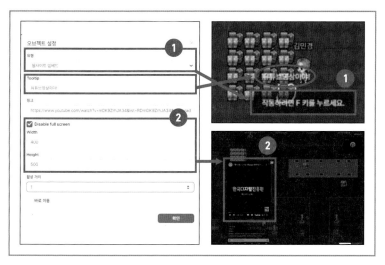

[자료 5-24] 오브젝트 설정 유형 웹사이트 임베드(출처: 젭)

(4) 오브젝트 업로드

오브젝트 업로드는 본인의 스페이스에 맞게 오브젝트를 만들어서 삽입하고자 할 때 외부에서 만들어놓은 오브젝트를 삽입할 경우 사용한다.

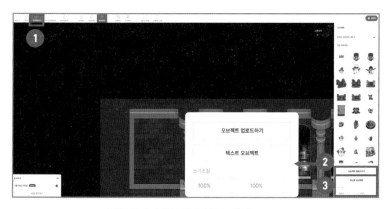

[자료 5-25] 오브젝트 업로드하기(출처: 젭)

[자료 5-25]에서 보는 바와 같이 맵 에디터 상단의 ① 오브젝트를 선택 후, 오른쪽 상세보기를 한다.

　② 오브젝트 업로드하기를 통해 파일을 업로드하면 상단에 오브젝트가 등록된다.

　③ 텍스트 오브젝트는 스페이스에 안내 팻말처럼 사용된다.

(5) 타일 효과 넣기

타일 효과는 맵 구축의 꽃이라 할 수 있다. 스페이스 안에서 활동하는 모든 조건을 타일에 입히는 과정이라 바닥, 벽, 오브젝트 꾸미기를 다 한 다음, 맨 마지막 과정으로 마무리하면 된다.

타일 효과에는 [자료 5-26]의 오른쪽 상세 부분에 나와 있는 것처럼 열한 개의 내용으로 구성되어 있다.

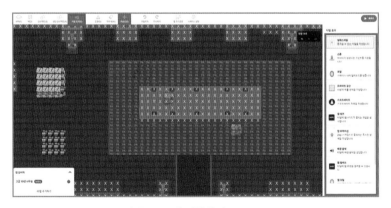

[자료 5-26] **타일 효과**(출처: 젭)

타일 효과는 각각의 효과마다 색으로 그 내용을 표현해주고 있어 [자료 5-27]처럼 어떤 효과가 들어가 있는지 알 수 있다.

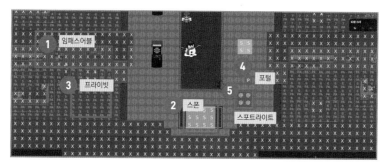

[자료 5-27] 타일 효과 색 구분(출처: 젭)

① 임패스어블 : 통과하지 못하게 하고 싶을 때 영역과 오브젝트에 입힌다.

② 스폰 : 스페이스에 캐릭터가 처음 떨어지는 지점을 지정하는 것이다. 참가 인원 수가 많으면 스폰의 지점을 많이, 그리고 여러 군데 배치한다.

③ 프라이빗 : 개인 공간을 지정하고 싶을 때 사용한다. 프라이빗을 설정하면 그 공간에 있는 캐릭터들이 서로 말할 수 있으며 보이기도 한다. 소회의실 운영이나 조별 활동 공간을 만들고 싶을 때 사용하면 좋다.

④ 포털 : 맵에서 맵으로 이동하고자 할 때의 이동 문이라 생각하면 좋다.

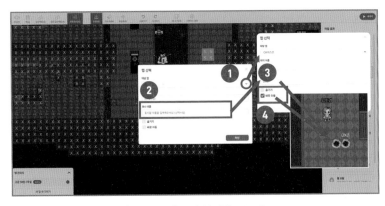

[자료 5-28] 포털 연결법(출처: 젭)

    [자료 5-28]은 포털 연결 시 ① 대상 맵을 지정하고, ② 표시 이름은 이 포털이 어디로 통하는 문인지 안내표지판과 같은 역할을 한다. ③ '숨기기'는 포털의 문이 보이지 않는 것이고, ④ '바로 이동'은 [자료 5-28]과 같이 포털문으로 캐릭터가 가면 바로 맵으로 자동 이동하게 하는 것이다. 이 과정을 반대 맵에서도 해주어야 두 공간을 왕래할 수 있다.

    ⑤ 스포트라이트 : 젭은 맵 안에 있다고 해서 다 보이고 들리진 않는다. 기본적으로 5×5타일 영역 안에 있거나 프라이빗 공간으로 지정한 곳에서만 서로 보이고 들리는데, 스포트라이트 기능을 쓰면 맵 안의 전 구간에 있는 캐릭터들에게 보이고 들리게 된다. 대형 행사를 할 때, 교사 또는 발표자에게 스포트라이트 기능을 주면 좋다.

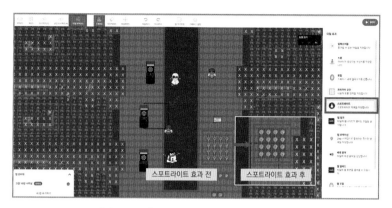

[자료 5-29] 스포트라이트 타일 효과(출처: 젭)

[자료 5-29]와 같이 스포트라이트 타일 효과를 입히기 전에 먼저 그 지점이 어디인지 알 수 있는 오브젝트를 놓고 그다음, 타일 효과에서 스포트라이트를 선택해서 그 지점의 오브젝트 위에 타일 효과를 입힌다.

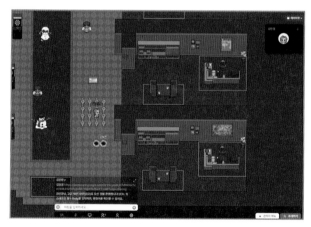

[자료 5-30] 스포트라이트 표시(출처: 젭)

[자료 5-30]과 같이 캐릭터가 스포트라이트 지점에 들어가면 자동으로 화면의 이름이 녹색으로 바뀌고, 카메라가 켜졌을 경우 화면의 얼굴이 자동으로 모든 사람들에게 보이며 말할 수 있게 된다.

맵 관리 및 추가하기

(1) 맵 관리 방법

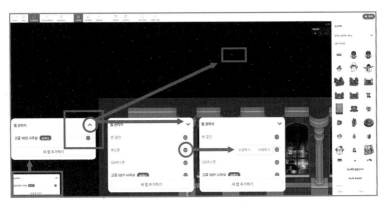

[자료 5-31] 맵 추가하는 법(새로운 스페이스 추가하기)(출처: 젭)

만들어놓은 맵 관리는 맵 에디터에 들어가서 [자료 5-31]처럼 각 맵의 이름을 클릭해서 설정을 클릭하면 '수정하기'와 '삭제하기'가 나온다.

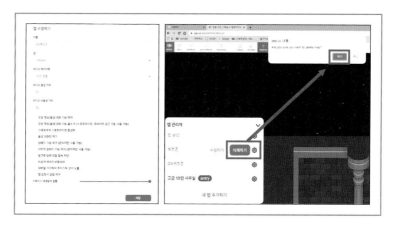

[자료 5-32] 좌 : 맵 수정, 우 : 맵 삭제(출처: 젭)

    [자료 5-32]의 왼쪽은 맵 수정하기, 오른쪽은 맵 삭제하기를 클릭하면 보이는 창이다. 특히 맵 수정하기는 각 맵을 단일하게 환경을 구축하고 지정해줄 수 있다. 내가 필요한 항목을 활성화시켜 목적에 맞게 관리자가 관리할 수 있다.

(2) 맵 추가 방법

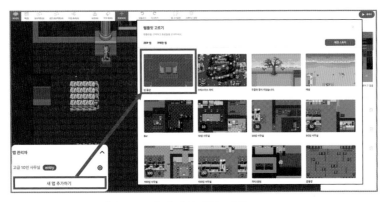

[자료 5-33] 새 맵 추가하는 방법(출처: 젭)

젭의 공간 구축에서 새로운 맵을 추가하는 방법은 맵 에디터에 들어와서 [자료 5-33]과 같이 '새 맵 추가하기'를 누르면 템플릿창이 열린다. 내가 제작한 디자인을 활용할 때는 빈 공간을 선택하고, 기존 젭에서 만들어놓은 템플릿에서 목적에 맞는 공간을 선택하면 자동적으로 바로 맵이 추가된다.

젭 이벤트 활용하는 방법

[자료 5-34] 미니 게임(출처: 젭)

젭의 가장 큰 장점은 맵에 있는 모든 참가자들이 함께 즐길 수 있다는 것이다. 개인 패널 채팅창에서 '+'를 클릭하면 미니 게임 창이 열린다. 여기서 내가 원하는 게임을 선택만 하면, 게임이 자동 세팅되기에 진행만 하면 된다.

게임은 참가자가 2 또는 3명 이상이어야 시작이 가능하다.

[자료 5-35] 업그레이드된 미니게임창 화면(출처: 젭)

다양하게 즐길 수 있는 게임이 계속해서 추가되고 있다.

그중 다른 게임은 맵을 제작할 필요가 없지만 OX 퀴즈를 하려면 OX 퀴즈 존을 만들어놓고 그 공간으로 이동 후 [자료 5-34]의 과정으로 게임을 시작하면 된다.

미니 게임 몇 가지를 설명하겠다.

OX 퀴즈 존 스페이스 만들기

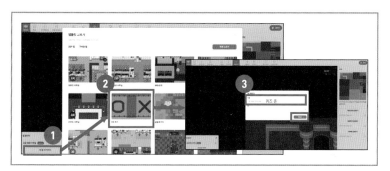

[자료 5-36] 맵 에디터 새 맵 추가로 OX 퀴즈 존 추가법(출처: 젭)

퀴즈존은 맵에디터에서 맵 추가를 통해 공간을 하나 추가하는 방식으로 [자료 5-36]의 ① 맵 추가하기 ② 공간 선택하기 ③ 게임존 이름 설정하기 과정으로 진행하면 된다. 이 게임맵을 만들 때 맵을 구분하기 쉽게 퀴즈 존으로 이름을 짓는 게 편리하다.

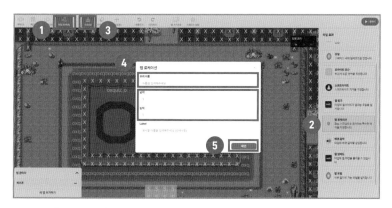

[자료 5-37] OX 존 환경 설정하기 – 맵 로케이션 지정하기(출처: 젭)

OX 퀴즈 존의 공간이 만들어지면 반드시 타일 효과의 맵 로케이션 지정을 해야 한다. 맵 로케이션은 그 타일에서 퀴즈를 시작한다는 의미이며, 모든 캐릭터가 퀴즈를 시작하면 자동으로 이동되는 영역을 지정하는 것이다.

앞의 [자료 5-37]의 ④ 맵 로케이션 위치 이름은 반드시 'oxquiz_start'로 지정해야 한다. 그리고 넓이와 높이는 맵 로케이션 시작 구간을 지정하는 것으로, 참가자의 수에 따라 넓이와 높이를 지정하면 된다. 지정하게 되면 [자료 5-38]과 같이 전후 맵에 설정된 모습이 다르다.

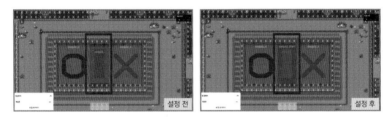

[자료 5-38] 맵 로케이션 넓이와 높이 영역 설정 전후(출처: 젭)

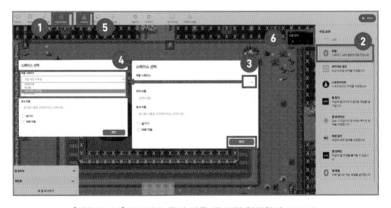

[자료 5-39] OX 퀴즈 존과 다른 맵 포털 연결하기(출처: 젭)

OX 퀴즈 존을 이동하고자 하는 스페이스를 하나하나 선택해서 포털의 각 공간으로 이동할 수 있게 [자료 5-39]에서 보이는 것처럼 ① 타일 효과 ② 포털 선택 ③ ④ 적용 스페이스 - 이동할 공간 선택(반드시 이동하는 두 공간 양쪽을 같은 방법으로 지정해줘야 한다) 순서로 진행하면 된다.

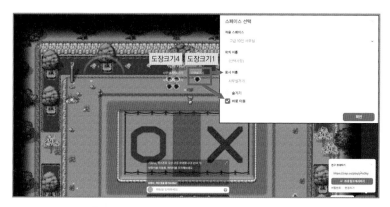

[자료 5-40] 스페이스 이동 표시 및 방법(출처: 젭)

[자료 5-40]과 같이 스페이스를 선택해서 그 스페이스가 어딘지 표시 이름 란에 길 장소를 표시해두고, 바로 이동을 활성화시켜 캐릭터가 이곳으로 오면 바로 스페이스로 이동하게 하면 좋다.

OX 퀴즈 존 시작하기

미니 게임 중 OX 퀴즈를 시작하기 위해서는 따로 만들어놓은 OX 존으로 스페이스를 이동한다.

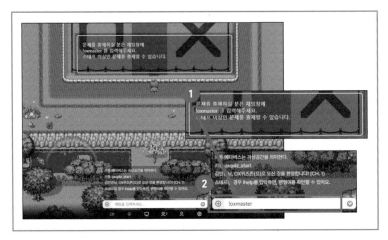

[자료 5-41] OX 퀴즈 존 시작을 하는 방법(출처: 젭)

참가자들이 OX 존으로 모두 들어오면, 관리자나 스텝은 개인 패널 채팅창의 ⊕를 클릭해서 미니 게임 중 OX 퀴즈 게임을 선택한다. 그러면 [자료 5-41]과 같은 창이 시작한 관리자에게 뜨며 ①에 !oxmaxter 를 그대로 복사해서 채팅방에 입력한다.

!oxmaxter 커맨드를 입력하고 나면 [자료 5-42]와 같이 'QUIZ READY'라는 퀴즈 시작 버튼이 형성되고, 오른쪽 퀴즈 시작 화면에 OX 퀴즈 문제를 낼 수 있는 화면이 나오게 된다.

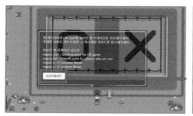
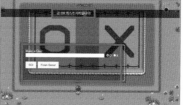

[자료 5-42] OX 퀴즈 준비 버튼 형성 및 OX 퀴즈 시작 화면(출처: 젭)

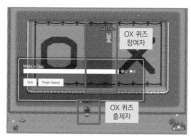

[자료 5-43] OX 퀴즈 참여자들 모습(좌 : 전남도립대학 입학식 실제 OX 퀴즈 진행 모습)(출처: 젭)

[자료 5-43]처럼 OX 퀴즈가 시작되면, 참여자들은 OX 퀴즈 시작 공간에 자동으로 들어가 있으며, OX 퀴즈를 내는 사람은 밖에 있게 된다.

[자료 5-44] 좌 : OX 퀴즈 출제자 화면, 우 : 퀴즈가 제출된 모습(출처: 젭)

OX 퀴즈 출제자가 퀴즈 문제를 [자료 5-44]의 왼쪽 화면과 같이 정답과 같이 체크해서 'GO!'를 누르면, [자료 5-44]의 오른쪽 화면과 같이 참여자들은 상단에 문제와 함께 참여 시간이 카운터되는 모습을 볼 수 있다.

그리고 OX 퀴즈가 종료되어 'Finish Game!'을 누르면 OX 퀴즈는
종료하게 되며, [자료 5-45]와 같이 종료된 화면을 볼 수 있다.

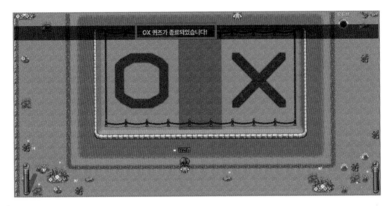

[자료 5-45] OX 퀴즈 종료 화면(출처: 젭)

2 페인트맨

[자료 5-46] 페이트맨 게임 진행 모습(출처: 젭)

[자료 5-46]에서 보이는 것과 같이 참여자들이 자동적으로 두 팀으로 나뉘며, 땅따먹기처럼 서로 지나간 자리가 페인트로 칠해지고 가장 많이 차지하는 팀이 이기게 되는 게임이다.

3 초성 게임

초성을 주고 힌트로 첫음절을 제공한 후, 채팅방에서 정답을 맞히는 게임이다.

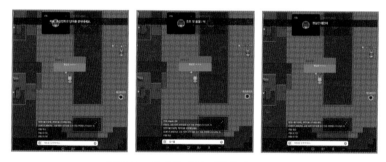

[자료 5-47] 초성 게임 진행 화면(출처: 젭)

4 좀비 게임

참가자가 세 명 이상 시 가능하며, 미니 게임에서 좀비 게임을 시작하면 자동 좀비가 형성되고, 참가자들은 좀비를 피해 다녀야 한다. 참가자 모두가 좀비가 될 때까지 진행되며, 마지막 생존자와 좀비 킹이 뽑히면 게임은 자동으로 끝난다.

[자료 5-48] 좀비 게임(출처: 젭)

5 똥 떨어지기 게임

똥 떨어지는 속도가 자동으로 빨라지면서 떨어지는 똥을 피해 한 명이 살아남으면 끝나는 게임이다. 이 게임을 멈추게 하고 싶다면 호스트나 관리자가 게임 시작 시 생성해놓은 큐브박스 앞에서 스페이스바(space bar)를 클릭하면 종료된다.

[자료 5-49] 똥 떨어지기 게임 진행 화면(출처: 젭)

05 ▸ 젭 업그레이드 버전

1 설정 편

설정은 호스트 메뉴와 같은 기능이다.

[자료 5-50] 업그레이드된 젭 홈 화면(출처: 젭)

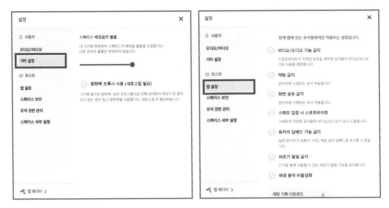

[자료 5-51] 기타 설정(출처: 젭)

[자료 5-51]의 기타 설정은 젭 바닥에 깔린 배경음악의 볼륨을 조절할 수 있는 곳이다.

맵 설정은 관리자가 운영할 때 유용한 기능을 추가·관리할 수 있게 구성되었다.

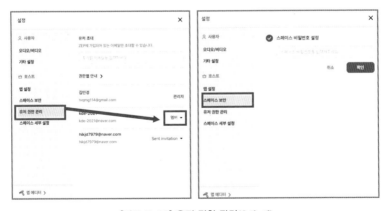

[자료 5-52] 유저 권한 관리(출처: 젭)

[자료 5-52]의 유저 권한 관리는 관리자와 스태프 지정을 할 수 있는 곳이다. 유저 초대가 한 번이라도 들어온 이력이 있으면, 이메일 계정이 자동으로 등록되어 나온다.

스페이스 보안은 스페이스에 비밀번호를 설정해서 공개 및 비공개를 개인 설정할 수 있다.

오브젝트

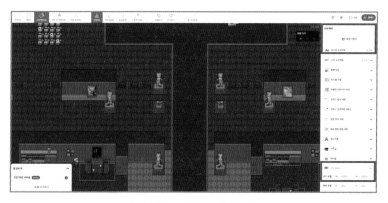

[자료 5-53] 오브젝트(출처: 젭)

오브젝트는 오른쪽 상세정보에 기본과 에셋 스토어가 연결되어 바로 에셋 스토어와 나의 오브젝트, 텍스트 오브젝트를 사용할 수 있다. 오브젝트의 크기를 조절하고 싶으면, 크기를 먼저 정하고 오브젝트를 넣으면 된다.

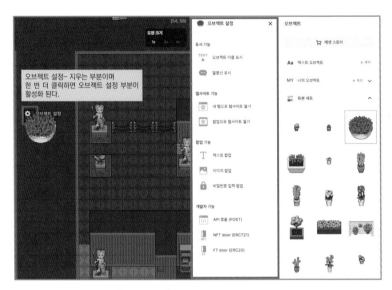

[자료 5-54] 오브젝트 설정 1(출처: 젭)

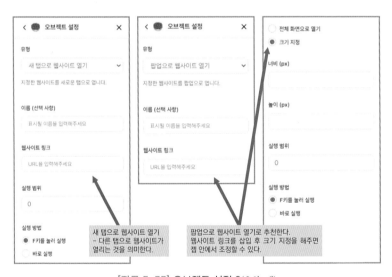

[자료 5-55] 오브젝트 설정 2(출처: 젭)

OX 존 만들기

타일 효과에서 지정영역을 통해 OX 존의 영역을 구분할 수 있도록 지정해주는 방법이 업그레이드되었다.

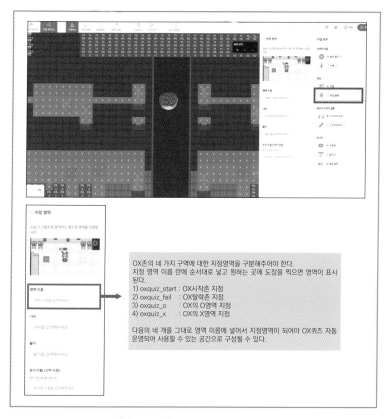

[자료 5-56] OX 존 만들기(출처: 젭)

※ 메타버스 플랫폼 등은 매주 업그레이드되고 있으므로, 업그레이드되는 것들을 더 자세히 알아보기 위해서는 한국디지털진흥원의 유튜브 채널에 업로드되는 영상들을 참고하면 좋다.

한 권으로 끝내는
메타버스 맵 제작서

제1판 1쇄 2022년 11월 17일

지은이 김민경, 김현정, 김진랑, 민진홍
펴낸이 최경선 **펴낸곳** 매경출판㈜
기획제작 ㈜두드림미디어
책임편집 최윤경, 배성분 **디자인** 김진나(nah1052@naver.com)
마케팅 한동우, 장하라

매경출판㈜
등록 2003년 4월 24일(No. 2-3759)
주소 (04557) 서울시 중구 충무로 2(필동 1가) 매일경제 별관 2층 매경출판㈜
홈페이지 www.mkbook.co.kr
전화 02)333-3577
이메일 dodreamedia@naver.com(원고 투고 및 출판 관련 문의)
인쇄·제본 ㈜M-print 031)8071-0961

ISBN 979-11-6484-451-7 (03320)